CW01497726

ENDLICH DURCHSETZEN!

Mit mehr Selbstbehauptung und knallhartem Durchsetzungsvermögen zum Erfolg. Wie Sie mutig leben, Grenzen setzen und sich Respekt verdienen

GERARD SHAW

© **Copyright 2020 - Alle Rechte vorbehalten.**

Der in diesem Buch enthaltene Inhalt darf ohne direkte schriftliche Genehmigung des Autors oder Herausgebers nicht reproduziert, vervielfältigt oder übertragen werden.

Unter keinen Umständen wird dem Verlag oder Autor die Schuld oder rechtliche Verantwortung für Schäden, Wiedergutmachung oder finanziellen Verlust aufgrund der in diesem Buch enthaltenen Informationen direkt oder indirekt übertragen.

Rechtliche Hinweise:

Dieses Buch ist urheberrechtlich geschützt und nur für den persönlichen Gebrauch bestimmt. Ohne die Zustimmung des Autors oder Herausgebers darf der Leser keinen Inhalt dieses Buches ändern, verbreiten, verkaufen, verwenden, zitieren oder umschreiben.

Haftungsausschluss:

Bitte beachten Sie, dass die in diesem Dokument enthaltenen Informationen nur zu Bildungs- und Unterhaltungszwecken dienen. Es wurden alle Anstrengungen unternommen, um genaue, aktuelle, zuverlässige und vollständige Informationen zu liefern. Es werden keine Garantien jeglicher Art erklärt oder impliziert.

Die Leser erkennen an, dass der Autor keine rechtlichen, finanziellen, medizinischen oder professionellen Ratschläge erteilt. Durch das Lesen dieses Dokuments stimmt der Leser zu, dass der Autor unter keinen Umständen für direkte oder indirekte Verluste verantwortlich ist, die durch die Verwendung der in diesem Dokument enthaltenen Informationen entstehen, einschließlich, aber nicht beschränkt auf Fehler, Auslassungen oder Ungenauigkeiten.

BONUSHEFT

Mit dem Kauf dieses Buches haben Sie ein kostenloses Bonusheft erworben.

In diesem Bonusheft „Morgenroutinen der Gewinner" erhalten Sie Übungen, die Sie in Ihrem Alltag problemlos anwenden können, um Ihr Selbstbewusstsein zu steigern.

Alle Informationen darüber, wie Sie sich schnell dieses Gratis-Bonusheft sichern können, finden Sie am <u>Ende dieses Buches</u>.

Beachten Sie, dass dieses Heft nur für eine begrenzte Zeit kostenlos zum Download zur Verfügung steht.

INHALTSVERZEICHNIS

Sie wollen mehr in Ihrem Leben erreichen. Vielleicht ein besseres Gehalt, einen höheren sozialen Status oder mehr Respekt von den Menschen um Sie herum. Sie wollen, dass Ihr Heute besser ist als Ihr Gestern, und dass Ihr Morgen besser ist als Ihr Heute. Und das haben Sie sich verdient.

Nicht, weil Sie so lange davon geträumt haben, sondern auch, weil Sie darauf hingearbeitet haben, es zu erreichen. Trotzdem verpassen Sie jedes Mal irgendwie die richtige Gelegenheit. Sie fragen sich ständig, was Ihnen fehlt. Oder ist es einfach nur Pech?

Pech? Menschen, die hart arbeiten, sind die Schmiede ihres eigenen Glücks, und Sie sind keine Ausnahme. Zudem sind Sie auch ein rundum netter Mensch, sehr aufrichtig und freundlich.

Warum bekommen Sie also nicht, was Sie verdienen?

Vielleicht sind Sie zu großzügig, und Ihre Großzügigkeit wirkt sich gegen Sie aus. Oder vielleicht fragen Sie nie nach dem, was Sie wirklich wollen, oder Sie sind sich unsicher, wie Sie es verlangen sollen. All das hindert Sie, das zu erreichen, was Sie sich im Leben wünschen und was Sie verdienen.

Dennoch können Sie es genau JETZT bekommen! Sie können es erreichen, ohne Ihre Identität, Ihre Großzügigkeit oder Ihre Selbstachtung zu verlieren.

Sie müssen nur die effektivste Art und Weise entdecken, wie Sie kommunizieren und sich ausdrücken sollen, um das zu bekommen, was Sie sich in Ihren Beziehungen, bei der Arbeit, mit Ihrer Familie, Ihren Freunden und im Leben wünschen. Klingt das gut?

In diesem Buch entdecken Sie den Masterplan zum Erreichen eines effektiven Kommunikationsstils, der Ihnen die Fähigkeiten gibt, das auszudrücken, zu fragen und zu erhalten, was Sie im Leben wollen. Und das Beste daran?

Die in diesem Buch vermittelten Lektionen sind umsetzbar und in Ihrem Alltag anwendbar. Es wird Ihnen leicht fallen, Situationen zu erkennen, auf die Sie sich beziehen können und das erlernte Wissen in Ihrem Alltag anzuwenden.

Ich habe verschiedene Kommunikationstechniken studiert und einige davon herausgegriffen, die jeden in die Lage versetzen, in seinem Leben erfolgreich zu sein. Der durchsetzungsfähige Kommunikationsstil sticht jedoch immer hervor. Ich habe diesen Kommunikationsstil jeden Tag angewendet und versucht, besser zu verstehen, wie er in jedem Aspekt meines Lebens am besten ausgeführt wird: Arbeit, Beziehungen, Familie, Freunde und persönliche Entwicklung.

Um die Wahrheit zu sagen, fühle ich mich in jedem Aspekt meines Lebens gestärkt, seit ich mir der Anwendung eines durchsetzungsfähigen Kommunikationsstils bewusster geworden bin. Ich spüre eine stetig wachsende Macht, mehr Kontrolle über mein Leben zu haben.

Und jetzt möchte ich, dass Sie das Gleiche erleben! Ich möchte, dass Sie die Kontrolle über Ihr Leben übernehmen, dass Sie fähig sind, Ihre Lebenssituationen zu kontrollieren.

Die Lektüre dieses Buches wird Sie auf eine einzigartige Reise führen, auf der Sie ein neues Ich entdecken. Sie werden mit Ihren Stärken arbeiten, anstatt über Ihre Schwächen zu jammern. Es wird Ihre gesamte Perspektive auf das lenken, was Sie tun können, um das zu erreichen, was Sie sich vorgenommen haben.

Es wird Ihnen eine ausgewogene Perspektive Ihres Lebens geben, eine solide Vorstellung von dem Know-how und den wesentlichen Techniken, um durch selbstbewusstes Verhalten und richtige Kommunikation das zu erreichen, was Sie in Ihrem Leben erreichen wollen. Es führt Sie durch das Verständnis von Durchsetzungsvermögen im richtigen Kontext, die Fähigkeiten, es in Ihrem persönlichen Leben angemessen einzusetzen, und einige praktikable Techniken, um diese Kommunikationsfähigkeiten zu einem selbstbewussten Lebensstil zu entwickeln.

Wenn Sie mich eine Sache fragen, die ich Ihnen aus meiner Erfahrung als Kommunikationscoach mitteilen kann, um ein glücklicheres und erfüllteres Leben zu führen, werde ich Ihnen immer sagen, dass Sie die Kraft eines durchsetzungsstarken Kommunikationsstils entdecken sollten, um Ihre Wünsche und Bedürfnisse auszudrücken. Ich rate Menschen, die effektive Kommunikationsfähigkeiten erlernen wollen, immer dazu, diesen durchsetzungsstarken Stil zu erlernen.

Stellen Sie sich vor, dass Menschen ihre langersehnte Gehaltserhöhung oder Beförderung erhalten, nachdem sie die in diesem Buch erlernten Techniken angewendet haben. Oder das Paar, dessen glückliche Ehe auf den Kommunikationsstil zurückzuführen ist, den sie hier gelernt haben. Dies sind nur einige der Erfolgsgeschichten, die ich gehört habe. Wie wird Ihre Erfolgsgeschichte nach der Lektüre dieses Buches aussehen? Stellen Sie sich vor, wie sie aussehen wird - und teilen Sie sie mit mir. Ich kann es kaum erwarten, von Ihnen zu hören.

Außerdem verspreche ich Ihnen, dass alles, was Sie sich vorgestellt haben, bald Wirklichkeit wird, vorausgesetzt, Sie folgen diesem Buch. Auf diesem Weg werden Sie Wissen, Weisheit und die Kunst, Ihre eigene Kraft aufzubauen, erlangen. Und dabei meine ich nicht, Ihre physische Kraft, sondern die innere, mächtige Kraft des Durchsetzungsvermögens. Das ist vielleicht die einzige Kraft, die Ihnen fehlt, um das Leben zu bekommen, welches Sie sich wünschen.

Die Lektionen, die Sie auf dieser Reise lernen werden, geben Ihnen Techniken, um nach innen zu schauen, Ihre Stärken zu entdecken und sich mächtig zu fühlen. Sie werden lernen, wie Sie Durchsetzungsvermögen einsetzen können, um Ihre Ziele zu erreichen, sei es in Beziehungen, im Geschäft, in der Karriere oder einfach im Alltag.

Die große Frage ist: Warum sollten Sie den durchsetzungsstarken Kommunikationsstil erlernen? Die Antwort liegt in den Lebenssituationen, in denen Sie derzeit feststecken - oder vielleicht in ferner Zukunft feststecken werden, wenn Sie diese Kommunikationstechniken nicht jetzt lernen.

Vielleicht sind Sie frustriert von Ihrem Job, Ihrer Gesundheit, Ihren Beziehungen oder Ihrer finanziellen Sicherheit - das reicht aus, um sich zu fragen, was nicht stimmt.

Wenn Sie wirklich vorankommen und aufhören wollen, im Leben stecken zu bleiben, müssen Sie heute handeln. Sie wissen bereits tief in Ihrem Inneren, dass sich etwas verändern muss und dass diese Veränderung jetzt geschehen muss.

Es ist höchste Zeit, dass Sie aufhören, das Opfer Ihrer Umstände zu spielen. Es ist an der Zeit, dass Sie Ihr eigenes Schicksal in die Hand nehmen. Wenn es nicht jetzt geschieht, wird es wahrscheinlich etwas später geschehen. Also stehen Sie auf und machen Sie sich bereit, Ihr Leben selbst zu steuern. Teilen Sie sich mit, stehen Sie für sich selbst ein und machen Sie den ersten Schritt. Lernen Sie das Wie.

Ich weiß, es ist nicht das erste Mal, dass Sie die Notwendigkeit einer Veränderung verspürt haben. Sie haben das schon viele Male erkannt. Aber etwas hat Sie zurückgehalten. Entweder haben Sie nicht die richtigen Techniken gefunden, um sich zu ändern, oder Sie hatten nicht den Mut, es zu tun. Das ist schon in Ordnung. Dieses Buch wird Sie mit den richtigen Fähigkeiten ausstatten, um Ihr Leben zu verändern. Das sind Fähigkeiten, die zu Ihrem Vorteil wirken, sodass Sie nicht von anderen ausgenutzt werden.

Jede Veränderung, selbst eine kleine, scheint am Anfang schwierig zu sein. Das liegt daran, dass wir Gewohnheitstiere sind und gerne innerhalb unserer Komfortzonen leben. Vielleicht sind wir nicht zufrieden mit dem, was wir haben, aber wir haben noch nicht den Mut zu einer Veränderung aufgebracht.

Lassen Sie uns jedoch den Mut finden, den ersten Schritt zur Veränderung zu tun. Wenn Sie eine neue und einzigartige Art und Weise erlernen wollen, wie Sie Ihr Spiel neu spielen und Ihr Leben selbst in die Hand nehmen können, beginnen Sie hier. Das ist der einfachste erste Schritt und er lohnt sich.

Wissen Sie, was Sie wollen, sagen Sie, was Sie wollen, und bekommen Sie, was Sie wollen. Es mag so einfach klingen - und KANN es auch sein. Lernen Sie hier "wie".

Dieses Buch wird mit einer KOSTENLOSEN Broschüre über das Meistern Ihrer Alltagsroutine geliefert, um Ihre Ruhe und Ihr Selbstvertrauen im Alltag zu verbessern. Eine Anleitung, wie Sie diese Broschüre kostenlos herunterladen können, finden Sie am Ende dieses Buches.

KAPITEL 1

Durchsetzungsvermögen in einer vielfältigen Welt

Was ist also dieses "Durchsetzungsvermögen"? Menschen sehen Durchsetzungsvermögen im Allgemeinen als unhöflich, herrschsüchtig oder aggressiv an. Die Realität sieht jedoch anders aus.

Durchsetzungsvermögen ist eine soziale Fähigkeit. Es ist eine Art der Kommunikation, bei der man seine Wünsche, Bedürfnisse, Standpunkte und Grenzen gegenüber anderen klar und respektvoll zum Ausdruck bringt. Diese Kommunikation findet unabhängig von Ihrem Standpunkt statt. Sie ist nicht egoistisch und nicht unhöflich, sondern einfach nur klar und deutlich in Ihrer Art der Kommunikation.

Durchsetzungsfähig zu sein bedeutet, ruhig und positiv für Ihre Rechte einzutreten, ohne aggressiv zu sein oder das "Unrecht" zu akzeptieren.

Durchsetzungsvermögen in der Psychologie: Kognitiver, Verhaltens- und sozialer Standpunkt

Eine durchsetzungsfähige Person denkt, verhält sich und spricht anders als andere. Sie ist ruhig, entspannt und weniger ängstlich, auch in Stresssituationen. Das ist normal, denn wenn man sich über seine Wünsche im Klaren ist und weiß, wie man sie anderen mitteilen kann, bauen sich Frustration und Angst nicht auf. Sie werden in Ihren zwischenmenschlichen Interaktionen nicht ängstlich sein und können Ihre Ziele leicht erreichen.

Auf der anderen Seite sind Menschen, denen es an Durchsetzungsvermögen mangelt, neutraler und ängstlicher. Sie fürchten sich vor dem Ergebnis, wenn sie ihre Gedanken ausdrücken. Was werden andere von ihnen denken? Was ist, wenn sie ihre Anerkennung verlieren? Kurz gesagt, nicht durchsetzungsfähige Menschen werden von anderen kontrolliert und haben keine Kontrolle über sich selbst.

Durchsetzungsfähige Menschen sind standhaft, ohne unhöflich zu sein. Sie berücksichtigen die Meinungen, Gedanken und Wünsche anderer ebenso wie ihre eigenen. Sie reagieren auf positive und negative Emotionen immer in ausgeglichener Weise, ohne aggressiv zu sein, zu schreien oder passiv zu sein. Durchsetzungsvermögen wird auch mit einem geringeren Maß an Stress und Depressionen in Verbindung gebracht.

Durchsetzungsvermögen führt auch zu Transparenz in Ihren Interaktionen. Solche Menschen wissen, wie sie ihre Wünsche mitteilen und Grenzen setzen können, sind aber weder anspruchsvoll noch wütend, wenn Anfragen nicht erfüllt werden.

Sie stellen ihren Standpunkt selbstbewusst dar und können andere sogar dazu bewegen, sich auf ihre Seite zu stellen. Dennoch respektieren sie die Meinung anderer, auch wenn sie von ihrer eigenen abweicht. Sie sind offen für konstruktive Kritik.

Wenn man also das Durchsetzungsvermögen unter verschiedenen Aspekten betrachtet, was kann man daraus schließen?

Es ist klar, dass es bei Durchsetzungsvermögen darum geht, das eigene Verhalten zu kontrollieren, nicht das von anderen. Mit einem durchsetzungsfähigen Verhalten können Sie Ihre Gedanken und Wünsche ehrlich anerkennen. Sie erwarten nicht, dass andere Ihren Forderungen nachgeben.

Man hört auf die Gefühle und Meinungen anderer, respektiert sie, aber letztlich entscheidet man sich dafür oder dagegen, sich ihnen anzuschließen. Selbst wenn Sie sich ihnen anschließen, ist es letztlich Ihre Entscheidung. Eine Entscheidung, die nicht aus

Zwang oder Hilflosigkeit getroffen wird. Mit einem durchsetzungsfähigen Verhalten werden Sie kein Mensch, der es immer allen recht machen wird.

Doch jedes großartige Konzept ist mit Vorsicht zu genießen, was auch hier der Fall ist. Es gibt ein optimales Maß an Durchsetzungsvermögen, das man nutzen kann, besonders wenn man eine Führungspersönlichkeit ist. Wenn Sie zu viel oder zu wenig Durchsetzungsvermögen besitzen, verliert es seine gewünschte Wirkung.

Nun werden wir uns genauestens mit den anderen Kommunikationsstilen neben dem Durchsetzungsvermögen befassen.

Durchsetzungsvermögen in der Kommunikation: Die vier grundlegenden Kommunikationsstile

Wenn ich Menschen aufgrund ihres Kommunikationsstils kategorisieren müsste, würde ich sie in eine der folgenden Kategorien einordnen.

Passive Kommunikation

Was halten Sie von folgenden Aussagen?

"Ich weiß nichts über meine Rechte."
"Ich kann nicht für meine Rechte einstehen."
"Die Leute berücksichtigen nie meine Gefühle."

Diese Aussagen spiegeln eine schwache, depressive, sogar nachtragende Persönlichkeit wider. Sie werden häufig von jemandem getroffen, der nicht für seine eigenen Bedürfnisse und Gefühle einsteht. Diese negative Ansicht ist eine Folge davon, dass die eigenen Bedürfnisse und Meinungen weder erkannt noch geäußert werden.

Und was passiert, wenn man diese Ideen oder Bedürfnisse nicht äußert?

9

Sie werden stillschweigend leiden, während sich all dieser Zorn, Schmerz und Groll aufbaut. Letztlich werden diese angestauten Gefühle in einem emotionalen Ausbruch ausgedrückt, der normalerweise in keinem Verhältnis zum auslösenden Vorfall steht. Nach dem Ausbruch fühlen Sie sich vielleicht verlegen oder schuldig, aber Sie kehren trotzdem zum passiven Kommunikationsstil zurück.

Menschen, die eine passive Kommunikation haben, nehmen beim Sprechen selten Augenkontakt auf und haben eine zusammengesunkene Körperhaltung.

Wissen Sie, wie passive Kommunikation Ihr Leben beeinflusst?

Passive Kommunikation kann Folgendes verursachen:

- Angst und Verlust der Kontrolle über das eigene Leben
- Hoffnungslosigkeit und Depression
- Stress, Ärger und Verwirrung
- Anderen zu erlauben, Sie auszunutzen oder Ihre Rechte zu verletzen
- Geringes Selbstwertgefühl und Vertrauen
- Schlechte Entscheidungsfindung

Aggressive Kommunikation

Das genaue Gegenteil des passiven Stils ist aggressive Kommunikation. Ein aggressiver Mensch drückt seine Gefühle aus und setzt sich vehement für seine Bedürfnisse ein. Er ist dominierend, impulsiv und wird leicht frustriert.

Er erniedrigt andere, kritisiert, verletzt ihre Rechte, schaut auf sie herab und verhält sich unhöflich, ohne auf ihre Gefühle oder Meinungen Rücksicht zu nehmen. Nicht nur verbal, sondern auch in der Körpersprache ist er überheblich und aggressiv.

Es ist normal, schlecht über solche Kommunikatoren zu denken, die anderen Furcht und Hass einflößen, und deshalb fehlt es ihnen normalerweise an wahren Freunden oder einem sozialen Kreis.

Menschen, die eine aggressive Kommunikation benutzen, sagen Sätze wie: "Ich bin überlegen und ich habe recht" oder "Ich bin der Chef" oder "Ich weiß es besser als Sie" oder sogar "Ich werde mich durchsetzen, egal was passiert".

Passiv-aggressive Kommunikation

Haben Sie jemals Menschen gesehen, die vor sich hin murmeln, vielleicht nach einer Konfrontation? Das sind die Menschen, die es schwer haben, ihre Meinung von Angesicht zu Angesicht zu äußern oder Probleme direkt zu konfrontieren. Oberflächlich betrachtet scheinen sie passiv zu sein, aber sie zeigen Wut oder Aggressivität auf indirekte oder subtile Weise.

Solche Menschen haben nicht die Stärke, offen und direkt mit dem Objekt Ihres Ärgers umzugehen. Sie werden also nach außen hin Kooperation und Akzeptanz zeigen, aber indirekt ihre Wut durch Spott, Sarkasmus und Spiele zum Ausdruck bringen.

Zu den Auswirkungen passiv-aggressiver Kommunikation gehören:

- Entfremdung von anderen
- Gefühl der Ohnmacht und im Leben nicht voranzukommen
- Unfähigkeit, die wirklichen Probleme im Leben anzusprechen

Durchsetzungsfähige Kommunikation

Durchsetzungsfähige Kommunikation ist ein Kommunikationsstil, bei dem Sie Ihre Gefühle und Meinungen klar kommunizieren und sich für Ihre Rechte einsetzen, ohne die Rechte anderer zu verletzen.

Mit anderen Worten: Sie behalten nicht alles für sich, haben keine emotionalen Ausbrüche und erfinden auch keine Sachen. Sie schätzen sich selbst, Ihre Zeit und Ihre körperlichen, emotionalen und spirituellen Bedürfnisse sowie die der anderen um Sie herum.

Ein durchsetzungsstarker Mensch ist nicht nur ein klarer Kommunikator, sondern auch ein guter Zuhörer. Sie stellen Augenkontakt her, wenn sie mit anderen sprechen, behalten eine entspannte Körperhaltung, sprechen in einem ruhigen und klaren Ton, fühlen sich mit anderen verbunden und hören zu, ohne zu unterbrechen.

Wissen Sie, warum diese Art von Kommunikation mein Favorit ist?

Weil eine durchsetzungsfähige Person:

- sich kompetent fühlt und ihr Leben unter Kontrolle hat
- Probleme mit Zuversicht angeht
- eine respektvolle Umgebung schafft, in der andere wachsen und reifen können
- gut für sich selbst sorgen kann, sowohl körperlich als auch geistig
- echte, gesunde und langlebige Beziehungen aufbauen kann

Dies sind einige der Aussagen, die ich von Menschen, die eine durchsetzungsstarke Kommunikation benutzen, gehört habe:

"Wir können respektvoll miteinander kommunizieren."

"Ich bin zu 100 % für mein Glück verantwortlich."

"Ich habe im Leben immer eine Wahl."

"Ich respektiere Ihre Gefühle und Rechte."

Man darf jedoch nicht vergessen, dass wir nicht bei jeder Interaktion einen einzigen Kommunikationsstil anwenden können. Der durchsetzungsfähige Kommunikationsstil führt eher zu respektvollen und langfristigen Beziehungen. Daher sollte er in den meisten Fällen die bevorzugte Wahl sein.

Manchmal kann aber die Situation einen passiven oder aggressiven Kommunikationsstil erfordern. Der passive Stil wäre zum

Beispiel die sinnvollere Option, wenn die Situation mit großer Wahrscheinlich zu Gewalt eskalieren wird. Wenn es jedoch um Ihre eigene Sicherheit geht, wird eine aggressive Kommunikation verhindern, dass sich die Situation verschlimmert.

Daher müssen Sie in jeder Situation den besten Kommunikationsstil nach eigenem Ermessen auswählen. Wenn Sie der Ansicht sind, dass Ihre Meinung durch einen anderen Kommunikationsstil besser vermittelt werden kann, wählen Sie diesen "Stil" für die jeweilige Situation.

Wenn Sie einen Kommunikationsstil häufig verwenden, wird dieser in Ihren Persönlichkeitstyp eingebettet. Sie werden entweder zu einer passiven, aggressiven oder durchsetzungsfähigen Person.

Wie lassen sich diese Persönlichkeiten am besten identifizieren? Lassen Sie uns einige Eigenschaften jedes einzelnen Persönlichkeitstyps untersuchen.

Merkmale einer aggressiven, passiven und durchsetzungsfähigen Person. Welche sind Sie?

Jeder Persönlichkeitstyp hat seine eigenen Merkmale, die ihn von anderen unterscheiden. Hier ist eine Zusammenfassung der Persönlichkeitsmerkmale von aggressiven, passiven und durchsetzungsstarken Personen. Welche passen zu Ihnen?

Merkmale einer aggressiven Person:

- Sie stellt ihre eigenen Bedürfnisse über die der anderen. Sie will, dass ihre Wünsche sofort erfüllt werden.
- Sie spricht über andere Menschen.
- Sie hat keine Kontrolle über ihre Emotionen.
- Sie gibt anderen die Schuld für ihr Versagen.
- Sie kritisiert, erniedrigt und spricht schlecht über andere.
- Sie ist der Ansicht, dass ein starker Angriff die einzige Möglichkeit ist, sich zu verteidigen.

- Sie findet, dass ein ruhiges und freundliches Sprechen ein Zeichen von Schwäche ist und dass man anfällig dafür ist, ausgenutzt zu werden. Sie meint, man müsse laut und stark sein, um zu gewinnen.

Merkmale einer passiven Person:

- Launisch
- Zurückgezogen
- Hält keinen Blickkontakt
- Hat Angst, ihre Meinung zu sagen, weil sie sich keine Feinde machen will
- Ist unterwürfig, weil sie Konflikte hasst
- Ist zurückhaltend, um die Anerkennung anderer Menschen zu gewinnen

Merkmale einer durchsetzungsfähigen Person:

- Ist ruhig, gelassen und selbstbewusst in verschiedenen Situationen
- Spricht deutlich, ihre Botschaft ist nicht aufgesetzt
- Kann sich selbst kontrollieren
- Kann sich bei Bedarf anpassen

Zusammengefasst sind die drei Merkmale einer durchsetzungsstarken Person: Selbstvertrauen, Klarheit und Kontrolle. Aber wie profitiert eine durchsetzungsfähige Person in ihrem Leben?

Warum ist Durchsetzungsvermögen so wichtig?

Sie werden die Antwort in Kürze erhalten. Durchsetzungsvermögen hat viele Vorteile für Ihr persönliches und berufliches Leben.

Durchsetzungsvermögen in Ihrem persönlichen Leben hilft Ihnen

1. Ihr eigener Herr zu sein. Egal was passiert, Sie können an Ihrem eigenen Leben festhalten und lassen sich von niemandem etwas Negatives sagen.

2. sich durchzusetzen, ohne unhöflich zu sein oder eine Schlägerei zu verursachen - im Gegensatz zu Aggressivität, bei der es darum geht, andere zur Unterwerfung zu zwingen.

3. besser mit Stress umzugehen, weil die Interaktionen klar sind. Sie wissen, was Sie akzeptieren können und wann Sie "nein" sagen müssen, um sich selbst und anderen klare Grenzen zu setzen.

4. Ihr Selbstwertgefühl und Ihr Selbstvertrauen zu verbessern. Nur ein durchsetzungsstarker Mensch hat das Selbstvertrauen, für sich selbst einzustehen.

5. Ihre Entscheidungsfähigkeit zu verbessern. Sowohl passive als auch aggressive Menschen treffen Entscheidungen auf Grundlage ihrer Emotionen. Im Gegensatz dazu nehmen durchsetzungsfähige Menschen eine neutrale Haltung ein, indem sie ihre Emotionen unter Kontrolle halten und ihre Entscheidungen auf Fakten basieren.

Durchsetzungsvermögen am Arbeitsplatz ist wichtig für:

1. Gesunde und langfristige Beziehungen zu Ihren Kollegen. Wenn Sie am Arbeitsplatz klar und transparent kommunizieren und höflich mit allen sprechen, sind die Beziehungen zwangsläufig gut.

2. Die erhöhte Produktivität Ihres Teams. Stellen Sie sich einen Teamleiter vor, der aggressiv und dominant gegenüber seinen Teamkollegen ist. Wie würden Sie sich in seinem Team fühlen? Abgeneigt und voller Hass, richtig? Was wäre jedoch, wenn er durchsetzungsfähig wäre und Ihre Meinungen und Vorschläge schätzen würde? Dann würde sich das gesamte Szenario ändern und Sie würden gerne mit ihm zusammenarbeiten. Die Leistung des gesamten Teams würde sich verbessern.

3. Besseres Verhandlungsgeschick. Sie werden sich nie mit weniger zufrieden geben. Sie sind auch bereit, sich anzupassen, wo es nötig ist.

4. Ein friedlicher und freundlicher Arbeitsplatz, an dem die Gefühle und Meinungen jedes einzelnen respektiert werden. Das schafft ein sicheres Arbeitsumfeld für alle und lässt zudem Raum für neue Denkweisen.

5. Das Erreichen Ihrer beruflichen Ziele. Wenn sich all diese positiven Ergebnisse am Arbeitsplatz entfalten, werden Sie Erfolg haben!

Durchsetzungsvermögen macht Beziehungen erfolgreich

Der Erfolg in Beziehungen hängt von Ehrlichkeit, Klarheit und gegenseitigem Respekt ab. Eine durchsetzungsfähige Person ist mit diesen Verhaltensweisen bestens vertraut, was zu erfolgreichen Beziehungen führt.

Es ist leicht zu erkennen, wie wichtig durchsetzungsstarkes Verhalten ist - im persönlichen Leben, bei der Arbeit und in Beziehungen.

Bevor Sie mit den Techniken fortfahren, um Durchsetzungsvermögen in Ihrem Leben zu integrieren, ist es Zeit für eine Selbsteinschätzung.

Bestandsaufnahme des Durchsetzungsvermögens - eine Selbsteinschätzung

Es gibt zwei wesentliche Komponenten des Durchsetzungsvermögens:

1. Drücken Sie Ihre Wünsche, Bedürfnisse und Gedanken aus, auch wenn es schwierig ist.

2. Respektieren Sie, was andere wollen, brauchen und denken, auch wenn es schwierig ist.

Um Ihr Können in diesen beiden Komponenten einzuschätzen, haben wir diesen Fragebogen zum Thema Durchsetzungsvermögen entwickelt, um den Grad Ihres Durchsetzungsverhaltens in Ihrem täglichen Leben zu bestimmen.

Fragebogen zum Durchsetzungsvermögen

Bitte wählen Sie unten eine Antwort aus, die Sie am besten beschreibt. Die Antworten variieren auf einer Skala von 1 (nicht sehr wie ich) bis 5 (sehr wahrscheinlich ich).

Seien Sie ehrlich! Die Informationen werden verwendet, um Ihnen zu helfen, durchsetzungsfähige Verhaltensweisen in Ihrem Arbeitsumfeld und Ihren Beziehungen zu erlernen. Es gibt keine richtigen oder falschen Antworten. Bewerten Sie sich einfach auf einer Skala von 1 bis 5.

Schlüssel: 1 bedeutet: sehr selten; 2 bedeutet: manchmal; 3 bedeutet: normalerweise; 4 bedeutet: oft; 5 bedeutet: immer

Fragen	nicht sehr wie ich → → → sehr wahrscheinlich ich				
	1	2	3	4	5
1. Ich widersetze mich bei etwas, das mir nicht gefällt.					
2. Ich äußere mich laut, wenn jemand meine Grenzen nicht respektiert, z. B. mit Aussagen wie „Ich lasse mich nicht betrügen" oder „Ich leihe Freunden kein Geld".					
3. Es fällt mir oft schwer, "nein" zu sagen.					
4. Ich äußere meine Meinung, auch wenn andere sie nicht teilen.					
5. Nach einem Streit wünsche ich mir oft, ich hätte gesagt, was ich auf dem Herzen habe.					
6. Ich neige dazu, mich den Wünschen meiner Freunde oder Kollegen anzuschließen, anstatt meine Gedanken zu äußern.					

7. Ich habe manchmal Angst, Fragen zu stellen, die mich dumm wirken lassen.	
8. Ich behalte meine Gefühle für mich, anstatt über sie zu sprechen.	
9. Wenn ich mit meinem Chef nicht einverstanden bin, spreche ich mit ihm oder ihr.	
10. Wenn eine Person sich Geld geliehen hat und mit der Rückgabe überfällig ist, spreche ich mit dieser Person darüber.	
11. Normalerweise bin ich in der Lage, den Leuten zu sagen, wie ich mich fühle.	
12. Wenn ich nicht mag, wie jemand behandelt wird, spreche ich darüber.	
13. Ich spreche über Dinge, die mir wirklich wichtig sind.	
14. Ich achte darauf, die Gefühle anderer nicht zu verletzen, auch wenn sie mir Unrecht getan haben.	

15. Es fällt mir schwer, meine Gefühle zu kontrollieren, wenn ich mit jemandem verschiedener Meinung bin.	
16. Ich vermeide es, die Intelligenz anderer zu kritisieren, wenn ich mit ihren Ideen nicht einverstanden bin.	
17. Ich höre mir die Meinungen anderer an, auch wenn ich nicht mit ihnen übereinstimme.	
18. Bei Meinungsverschiedenheiten achte ich darauf, den Standpunkt des anderen zu verstehen.	
19. Bei Diskussionen kommuniziere ich mit Körpersprache und höre auch zu.	
20. Selbst bei einem Streit unterbreche ich den anderen nicht.	

Wie die Ergebnisse zu interpretieren sind

Wenn Sie den Fragebogen ausfüllen, wollen Sie bestimmt versuchen, Ihre Punktzahl zu addieren. Die Gesamtpunktzahl hat jedoch keine Bedeutung. Das Durchsetzungsvermögen muss in Bezug auf die Person und die Situation bewertet werden.

Führen Sie die folgenden Schritte aus, um Ihre Antworten auf den Fragebogen zum Durchsetzungsvermögen zu analysieren:

1. Sehen Sie sich Ihre Antworten auf die Fragen 1, 2, 4, 9, 10, 11, 12, 13, 14, 16, 17, 18, 19 und 20 an. Diese Fragen sind auf das Durchsetzungsverhalten ausgerichtet. Sagen Ihnen Ihre Antworten auf diese Fragen, dass Sie immer Ihre Meinung äußern oder sich der Meinung anderer anschießen?

2. Sehen Sie sich Ihre Antworten auf die Fragen 3, 5, 6, 7 und 8 an, die auf passives Verhalten ausgerichtet sind. Spiegeln Ihre Antworten wider, dass Sie eher ein unterwürfiger Mensch sind und sich von anderen kontrollieren lassen?

3. Sehen Sie sich Ihre Antwort auf Frage 15 an, die darauf hinweist, dass Sie andere mehr kommandieren, als Ihnen bewusst ist.

Zusammenfassung des Kapitels

- Es gibt vier Kommunikationsstile - passiv, aggressiv, passiv-aggressiv und durchsetzungsfähig. Durchsetzungsvermögen ist der wichtigste und vorteilhafteste Kommunikationsstil. Denken Sie daran, welche Vorteile er Ihnen im persönlichen, beruflichen und gesellschaftlichen Leben bringt.

- Es gibt ein optimales Maß an Durchsetzungsvermögen. Zu viel oder zu wenig davon - und es verliert an Effektivität.

- Haben Sie den Fragebogen ausgefüllt, um Ihren Kommunikationsstil herauszufinden? Wie hoch ist Ihr Grad an Durchsetzungsvermögen? Niedrig oder hoch? Warum wollen Sie lernen, Ihr Durchsetzungsvermögen zu verbessern?

Beantworten Sie diese Fragen, bevor Sie zum nächsten Kapitel übergehen.

Im nächsten Kapitel werden Sie lernen:

- Warum manche Menschen nicht durchsetzungsfähig sind
- Die Haupthindernisse für die Anwendung des Durchsetzungsvermögens
- Wie Sie sich selbst sehen, wie andere Sie sehen und worauf es ankommt
- Die Fähigkeiten, ein positives Selbstbild aufzubauen

KAPITEL 2

Selbstfindung: Die Kontrolle über Ihr Leben zurückgewinnen

Ich bin mir sicher, dass einige von Ihnen bei der Selbsteinschätzung Ihres Durchsetzungsvermögens schlechter abgeschnitten haben als Sie es sich gewünscht hätten. Das ist schon in Ordnung! Die meisten von uns sind so erzogen worden, Durchsetzungsvermögen als unwichtig zu betrachten. Selbst wenn es uns wichtig wäre, fehlt uns oft der Mut, es umzusetzen.

Und warum? Warum können einige von uns nicht durchsetzungsfähig sein? Schließlich haben wir das Recht, unsere Gefühle, Meinungen und Überzeugungen auszudrücken. Und dennoch tun wir es nicht.

Wer wir sind und warum einige von uns nicht durchsetzungsfähig sind

Jeder von uns ist mit grundlegenden menschlichen Rechten ausgestattet, die respektiert und eingehalten werden müssen. Dazu gehören:

- Das Recht, Gefühle, Meinungen, Werte und Überzeugungen auszudrücken
- Das Recht, seine Meinung zu ändern
- Das Recht, selbst Entscheidungen zu treffen
- Das Recht, sich zu weigern, wenn man etwas nicht weiß oder nicht versteht
- Das Recht, "nein" zu sagen, ohne sich schuldig zu fühlen
- Das Recht, sich nicht durchzusetzen
- Das Recht auf persönliche Freiheit

- Das Recht auf Privatsphäre

Wenn Sie passiv reagieren, vernachlässigen oder ignorieren Sie die Rechte anderer und lassen zu, dass andere sie verletzen. Im Gegensatz dazu missbraucht aggressives Verhalten die Rechte anderer. Durchsetzungsvermögen ist der beste Weg, um ein Gleichgewicht zwischen der Aufrechterhaltung Ihrer Rechte und der Achtung der Rechte anderer herzustellen.

Aber Durchsetzungsvermögen fällt nicht jedem leicht, und zwar aus folgenden Gründen:

Geringe Selbstachtung und geringes Selbstvertrauen

Wenn Sie sich selbst schlecht fühlen, gehen Sie passiv mit Menschen um. Das liegt daran, dass Sie glauben, dass die Meinungen und Gefühle anderer wichtiger sind als Ihre eigenen.

Folglich geben Sie anderen die Möglichkeit, Sie zu verunsichern und das Vertrauen in sich selbst weiter zu verlieren. Dieser Teufelskreis verstärkt das niedrige Selbstwertgefühl und die geringe Selbstachtung weiter.

Beruf mit niedrigem Status und Geschlechterrollen

Niedrigere Berufe (wie z. B. Arbeiter, Straßenkehrer usw.) und Frauen werden gewöhnlich mit einem nicht durchsetzungsfähigen Verhalten in Verbindung gebracht. Diese Menschen stehen unter enormem Druck, sich ihren Rollen anzupassen, die oft Passivität erfordern. Stellen Sie sich einen Angestellten vor, der seinem Chef gegenüber weniger durchsetzungsfähig ist als gegenüber seinen Kollegen oder Untergeordneten.

Frühere Erfahrungen

Wenn Sie von Eltern, Vorbildern oder früheren Erfahrungen gelernt haben, sich nicht durchsetzungsfähig zu verhalten, ist es schwierig für Sie, Ihre Verhaltensweisen zu ändern und sich selbstbewusst zu verhalten.

Stress und Ängste

Wenn Sie unter Stress stehen, spüren Sie oft einen Verlust der Kontrolle über Ihre Lebenssituationen. Stress und Angst führen in der Regel dazu, dass Gedanken und Gefühle passiv oder aggressiv ausgedrückt werden. Dies erhöht Ihren persönlichen Stress weiter und folglich auch den Stress der Menschen um Sie herum.

Persönlichkeitsmerkmale

Manche Menschen werden mit Persönlichkeitsmerkmalen geboren, die eher passiv oder aggressiv sind. Sie können wenig tun, um sich selbst zu ändern. Jeder kann jedoch lernen, durchsetzungsfähiger zu werden und gleichzeitig der Persönlichkeit treu zu bleiben, mit der er geboren wurde.

Unwissenheit über Rechte oder Wünsche

Wenn Sie nicht wissen, welche Rechte Sie haben oder was Sie überhaupt wollen, wird es Ihnen sicherlich schwer fallen, ein durchsetzungsstarkes Verhalten zu entwickeln.

Können Sie erkennen, was Sie davon abhält, sich durchzusetzen?

Im vorigen Abschnitt habe ich die häufigsten Hindernisse aufgelistet, die Menschen davon abhalten, sich durchzusetzen. Können Sie erkennen, was Sie davon abhält? Darüber hinaus gibt es einige individuelle Bedürfnisse und Verhaltensweisen, die eine Anwendung des Durchsetzungsvermögens beeinträchtigen.

Hier sind einige Beispiele für solche Verhaltensweisen:

Der Wunsch, um jeden Preis beliebt zu sein

Jeder Mensch will Liebe und Zuneigung. Am Arbeitsplatz kann sich dieser Wunsch jedoch schnell in eine Art Abhängigkeit verwandeln. Anstatt sich durchzusetzen und seine Rechte auszuüben, benimmt man sich eher so, dass man anderen gefällt und deren Anerkennung erhält.

Zu jedem freundlich sein

Gutmütig zu sein, ist in Ordnung, aber wenn sie eine bestimmte Schwelle überschreitet, macht es Sie zu sensibel für die Meinungen anderer. Dies kann dazu führen, dass Sie Ihre Unabhängigkeit verlieren. Außerdem kann es passieren, dass andere Menschen Sie als selbstverständlich betrachten.

Intoleranz gegenüber Meinungsverschiedenheiten

Der Versuch, andere um jeden Preis von Ihrer Meinung zu überzeugen, ist impulsiv. Geben Sie anderen Menschen die Freiheit und das Recht, abweichender Meinung zu sein. Sich von Ihrer Meinung zu lösen und anderen die Möglichkeit zu geben, sich zu äußern, führt in der Regel zu Fortschritten und sogar zu Durchbrüchen.

Der Versuch, alle Situationen zu kontrollieren

Der Mensch ist ein mächtiges Wesen, doch wir können nicht alles und jede Situation kontrollieren. Wir können auch nicht das Verhalten oder die Denkweise anderer Menschen kontrollieren. Wenn Sie dies aber trotzdem versuchen, wirken Sie am Ende aggressiv und zwanghaft gegenüber anderen.

Besessen von Perfektionismus

Stellen Sie sich einen Chef vor, der will, dass alles perfekt ist. Er kann keinen einzigen Fehler seiner Mitarbeiter tolerieren. Wenn das seine Besessenheit vom Perfektionismus ist, wie wird dann der Arbeitsplatz aussehen?

Das passiert, wenn man bei jeder einzelnen Aufgabe Perfektionismus anstrebt. Man verhält sich aggressiv, nicht durchsetzungsfähig. Das Ergebnis ist, dass Sie die Leute von sich wegstoßen, anstatt gute Beziehungen aufzubauen.

Der Versuch, Sympathie zu gewinnen, indem man sich überanstrengt

Wenn Sie sich überarbeiten, um zu prahlen oder Sympathie von anderen zu bekommen, fordern Sie nicht Ihre Grenzen heraus, sondern suchen die Anerkennung anderer.

Fehlende Akzeptanz des Versagens

Wenn Sie sagen: "Ich habe nicht das Recht, Fehler zu machen", vergessen Sie, dass es menschlich ist, Fehler zu machen.

Sich selbst widersprüchliche Ziele setzen

Das Setzen von Zielen, die Ihren Werten und Bedürfnissen (beruflich und privat) widersprechen, oder Verantwortung in der Hoffnung zu übernehmen, Konflikte zu vermeiden, bereitet Ihnen nur Enttäuschungen. Es ist sinnvoller, sich realistische und relevante Ziele zu setzen und die Schritte zur Erreichung dieser Ziele zu planen.

Nachdem wir alle Hindernisse für das Durchsetzungsvermögen analysiert haben, kristallisiert sich ein Aspekt klar heraus. Alles läuft darauf hinaus, was andere von Ihnen denken. Sie befürchten, die Anerkennung und Wertschätzung der anderen zu verlieren oder Sie wollen sie kontrollieren, damit sie nicht denken, Sie seien inkompetent.

Aber beurteilen Sie richtig, was andere von Ihnen denken? Das werden wir im nächsten Abschnitt herausfinden.

Meta-Perzeptionen - wie Sie sich selbst und wie andere Sie sehen

Wenn Sie sagen: "Es ist mir egal, was andere von mir denken", machen Sie sich nur selbst etwas vor. Denn letztlich wollen wir alle in das soziale Kollektiv passen. Das Gefühl der Ausgrenzung oder Ablehnung durch eine Gruppe führt dazu, dass wir uns ängstlich, gereizt und depressiv fühlen.

Um uns sozial anzupassen, müssen wir uns mit anderen verbinden. Und um gute soziale Verbindungen herzustellen, ist es hilfreich, zu verstehen, was andere über uns denken, um unser Verhalten entsprechend ändern zu können.

Zu wissen und wahrzunehmen, was andere von Ihnen denken, wird als "Meta-Perzeption" bezeichnet. Mit anderen Worten: Meta-Perzeptionen sind das, was Sie denken, dass andere über Sie denken. Häufig drehen sich diese Meta-Perzeptionen um unsere Selbstwahrnehmung - was wir über uns selbst denken.

Mark Leary, ein Psychologieprofessor an der Wake Forest University in North Carolina, sagte einmal: "Man filtert die Hinweise, die man von anderen erhält, durch sein Selbstverständnis. Dieses Selbstverständnis wird grundlegend von Ihrer Mutter geprägt. Die Art und Weise, wie Ihre Mutter auf Ihre ersten Schreie und Gesten reagierte, beeinflusst, wie Sie erwarten, von anderen gesehen zu werden. Kinder mit Müttern, die nicht reagierten, verhalten sich so, dass man sich lieber von ihnen distanzieren möchte, während Kinder mit Müttern, die reagierten, selbstbewusster sind und sich gut mit Gleichaltrigen verbinden.

Das in der Kindheit geformte Selbstverständnis setzt sich zwar nicht immer bis ins Erwachsenenalter fort. Passiert es aber doch, braucht es ein wenig Zeit, um es zu verändern, insbesondere wenn dabei negative Selbstauffassungen eine Rolle spielen. William Swann, ein Psychologieprofessor an der Universität von Texas, hat Untersuchungen durchgeführt, die zeigen, dass Menschen mit negativen Selbstauffassungen andere Menschen dazu bringen, ebenfalls negativ über sie zu denken. Dies ist insbesondere dann der Fall, wenn sie den Verdacht haben, andere würden sie mögen.

Sie alle haben eine ziemlich solide Sicht auf sich selbst, aber es ist nicht immer leicht zu bestimmen, was andere über Sie denken. Daher sind Ihre Meta-Perzeptionen oft ungenau. Wie kommt das?

Jede Person, die Sie treffen, wird Sie durch ihre einzigartige Linse wahrnehmen. Wenn eine Person zum Beispiel generell jeden kritisiert, wird sie dasselbe mit Ihnen tun, selbst wenn Sie authentisch sind. Weiterhin sind die Menschen in der täglichen Interaktion manchmal nicht direkt. Sie könnten ihre Äußerungen vortäuschen.

Sie können Ihre Meta-Perzeptionen jedoch präzisieren, indem Sie folgende Schritte befolgen:

Seien Sie neugierig, neue Dinge zu erleben und offen für neue Lebenserfahrungen zu sein. Wenn Sie sich neuen Herausforderungen stellen, werden Sie neue Menschen treffen, von denen Sie Klarheit darüber erhalten, wie Sie von anderen wahrgenommen werden.

Achten Sie darauf, wie Sie sich anderen gegenüber präsentieren. Achten Sie auf Ihre Stimme, Ihren Tonfall, Ihre Kleidung und Ihre Körpersprache. Auf diese Weise können Sie dazu beitragen, Ihren Eindruck, den Sie auf andere machen, zu kontrollieren und Ihre Selbstwahrnehmung zu präzisieren.

Lernen Sie, Ihre Emotionen zu regulieren und gewinnen Sie die Oberhand, indem Sie wissen, was andere von Ihnen denken. Wenn Sie von Ihren Gefühlen überwältigt sind oder sie gar nicht ausdrücken können, wird es schwierig zu interpretieren, wie andere über Sie denken.

Andererseits wird eine genaue Meta-Perzeptionen durch Narzissmus oder aufsässiges und feindseliges Verhalten blockiert. Dies ist beispielsweise dann der Fall, wenn man bei der geringsten Provokation in Tränen ausbricht. Solche Verhaltensweisen ermutigen andere dazu, sich vor Ihnen zu schützen oder Sie sogar anzulügen.

Wenn Sie Angst haben, sozial zu sein und sich gesellschaftlich zu engagieren, blockieren Sie eine genaue Meta-Perzeption. Sie versäumen es, andere Menschen zu ihrer Person/nach Ihrem Leben zu befragen und ihnen die Nervosität bei der Interaktion mit Ihnen zu nehmen.

Daher ist es sehr wichtig, dass Sie in Ihren Meta-Perzeptionen genau sind. Diese belohnen Sie, indem sie Ihnen Wissen darüber vermitteln, wie andere Sie wahrnehmen und sie helfen Ihnen, sich sozial besser zu verhalten.

Andere beurteilen Sie auf Grundlage zweier Arten von Merkmalen - sichtbare und unsichtbare. Die Menschen nehmen Ihre sichtbaren Eigenschaften mehr wahr als Sie selbst. Auf einer Skala der körperlichen Attraktivität bewerten andere Sie fast immer einen Punkt höher als Sie sich selbst bewerten würden.

Was die "unsichtbaren" Eigenschaften betrifft, so sind sie nicht völlig unsichtbar - zumindest nicht für Ihre engen Freunde. Sie sind leicht zu erkennen, wenn Sie ängstlich oder besorgt sind. Ihre negativen Eigenschaften mögen für die meisten Menschen "unsichtbar" sein, aber jemand, der Sie wirklich gut kennt, kann auch diese wahrnehmen.

Niemand möchte jedoch, dass andere ihre negativen Eigenschaften wahrnehmen. Wir selbst wollen sie oft nicht anerkennen, obwohl wir uns ihrer Anwesenheit bewusst sind. Wir ändern unser Verhalten, um ihre Offenlegung zu vermeiden.

An dieser Stelle arbeitet die Selbsterkenntnis gegen Sie. Sie bleiben mit dem, was Sie sind und Ihren negativen Eigenschaften hängen. Ein anderer Bereich, in dem das Selbstbewusstsein wie ein Fluch wirkt, ist die übertriebene Analyse der Reaktionen anderer auf Sie und deren Fehlinterpretation.

Auch unangenehme Gefühle, wie Verlegenheit, Scham und Neid, werden durch das Selbstbewusstsein wahrgenommen. Diese Emotionen sollen uns motivieren und unsere potenziell selbstzerstörerischen Verhaltensweisen einschränken. Wenn Sie sich jedoch übermäßig darüber Sorgen machen, was andere von Ihnen denken, kann dies Ihren Geist und Ihr Verhalten einschränken.

Wollen Sie wirklich wissen, wie Sie von Menschen wahrgenommen werden?

Zeugnisse und Jahresberichte können Ihre Leistungen in der Schule und bei der Arbeit aufzeigen. Aber es ist schwierig, eine direkte Kritik an Ihrer Person zu finden, es sei denn, dass jemand in einem hitzigen Streit etwas ausplaudert.

Sie können immer ein Familienmitglied oder einen engen Freund bitten, Ihnen ehrlich zu sagen, was er oder sie von Ihnen hält, aber die Frage ist: Sind Sie bereit, sich deren Perspektive anzuhören?

Das liegt daran, weil wir alle stets gute Dinge über uns selbst hören wollen. Negatives können wir nicht tolerieren. Das schadet unserem Ego. Es verletzt unser Selbstbild. Wir könnten sogar in einen Konflikt mit unseren Liebsten geraten, um unsere eigenen Perspektiven zu schützen.

Aber manchmal braucht man wirklich ein genaues Feedback, z. B. bei der Entscheidung über einen Arbeitsplatzwechsel oder einen Heiratsantrag. Da müssen Sie lernen, die Dinge aus der Perspektive anderer zu sehen.

Die Perspektive zählt! Die Bedeutung einer anderen Perspektive

Je nachdem, wo Sie stehen, kann die Ansicht auf Ihr Zimmer sehr unterschiedlich ausfallen. Wenn Sie auf einer Seite des Raumes stehen und Ihr Partner auf der gegenüberliegenden Seite, beschreiben Sie beide denselben Raum, aber Ihre Beschreibungen sind unterschiedlich, einfach weil Sie den Raum von zwei verschiedenen Seiten aus betrachten.

Ebenso können die Perspektiven in subjektiven Angelegenheiten variieren. Dieselbe Tatsache wird für Menschen mit unterschiedlichen Standpunkten eine andere Bedeutung haben. Zum Beispiel kann ein einzelner Scheidungsfall von verschiedenen Rechtsanwälten ganz unterschiedlich betrachtet werden. Und manchmal können zwei Meinungen völlig gegensätzlich sein, aber dennoch sind beide gültig.

Ein Konflikt entsteht jedoch, wenn man andere Perspektiven nicht versteht. Was aus der Sicht einer anderen Person Sinn macht, mag für Sie absurd klingen, weil Sie deren Standpunkt nicht verstehen können. Sie können die Perspektiven anderer Menschen nicht einnehmen, wenn diese sich von der Ihren unterscheiden.

Warum? Jetzt kommt der Clou.

Die Realität spiegelt sich in den Tatsachen wider. Aber für jeden Menschen ist das, was er unter den individuell gegebenen Umständen denkt und fühlt, die für ihn geltende Realität. Was jeder einzelne Mensch denkt und fühlt, treibt sein Handeln weiter an.

Die verhaltenswissenschaftliche Forschung beweist, dass wir die Dinge nicht so sehen, wie sie tatsächlich sind. Wir filtern sie durch unsere Selbsteinschätzung. Unsere Persönlichkeit und die Art und Weise, wie wir von den Situationen beeinflusst werden, bauen die Art und Weise auf, wie wir die Dinge sehen. Wir interpretieren sie entsprechend dem, was wir über uns selbst, über andere und aufgrund unserer früheren Erfahrungen für richtig halten. All dies bildet unsere Perspektive über uns selbst und andere, die schwer zu ändern ist, wenn sie einmal geformt wurde. Diese Tendenz bei Menschen wird als Bestätigungsvorurteil bezeichnet. Wir sehen, was wir sehen wollen und interpretieren Informationen so, dass unsere Perspektive bestätigt wird.

Deshalb ist es schwierig, die Perspektive eines anderen, die sich von unserer unterscheidet, wirklich zu verstehen.

Selbst wenn eine Entscheidung, ein Ereignis oder eine Aussage dieselbe ist, kann sie für jeden Einzelnen oder für eine andere Gruppe eine andere Bedeutung haben. Und jeder von uns hat das Gefühl, dass er recht hat. Doch dies ist der Anfang aller Missverständnisse, Meinungsverschiedenheiten und Argumente.

Wenn es uns gelingen würde, die Perspektive eines anderen zu sehen, hätten wir weniger Konflikte und mehr produktive Gespräche über kritische Themen. Zudem würden wir in schwierigen Situationen vorsichtiger mit unseren Worten und Taten umgehen, um eine Verschlechterung zu vermeiden.

Zum Beispiel ist Theresa May dreimal an Ihrem Versuch gescheitert, den Brexit-Vertrag durch das britische Unterhaus zu bekommen, was das Brexit-Drama viel länger hinausgezögert hat, als die meisten Briten erwarteten.

Können Sie in solchen Angelegenheiten die eigene Perspektive zurückhalten und versuchen, die Dinge von der anderen Seite zu betrachten?

An dem Tag, an dem Sie das tun, werden Sie vielleicht feststellen, dass Ihre eigene Perspektive nicht so genau oder nicht der einzige "richtige" Weg ist. Jedoch ist Ihre Perspektive nicht falsch und Sie sollten nicht versuchen, sie zu wechseln, aber jetzt verstehen Sie vielleicht die andere Perspektive besser.

Verkennen einer Perspektive

Allerdings gibt es einen Haken, wenn man versucht, die Dinge aus der Perspektive eines anderen zu sehen. Diese beiden Fehler müssen Sie vermeiden:

Erstens: Seien Sie sich nicht zu sicher, dass es Ihnen gelungen ist, einen anderen Standpunkt zu interpretieren. Haben Sie es wirklich so gesehen, wie er/sie es gedacht/gewollt hat? Sind Sie sich sicher, dass Sie sich nicht irren? Untersuchungen haben gezeigt, dass es meist ungenau ist, wenn Sie auf die Gedanken und Gefühle einer anderen Person schließen, indem Sie sein Gesicht oder sein Verhalten beobachten.

Zweitens: Vermeiden Sie, zu schnell anzunehmen, Sie hätten die Perspektive des anderen verstanden. Die Perspektive einer anderen Person zu verstehen, bedeutet nicht, dass Sie diese nicht zusätzlich noch höflich hinterfragen dürfen. Wenn man die

Perspektive auf falsche Annahmen stützt, zieht man oft eine irreführende Schlussfolgerung und erkennt nicht die wahren Probleme.

Im Fall des Brexit-Deals könnte man zum Beispiel vermuten, dass die Führungskraft korrupt ist oder ein falsches Spiel spielt. Wenn diese Spekulation akzeptiert wird, ohne sie zu hinterfragen, würden die Meinungsverschiedenheiten schließlich zu falschen Urteilen führen, ohne das eigentliche Problem anzusprechen.

Wie man andere Perspektiven auf richtige Weise einnimmt

Wenn man versucht, die Perspektive einer anderen Person zu verstehen, sollte man unbedingt folgende drei Richtlinien beachten:

Betrachten Sie zunächst jede Perspektive, die sich von Ihrer unterscheidet. Seien Sie ehrlich und berücksichtigen Sie jede davon. Wenn Sie die verschiedenen Perspektiven vergleichen, werden Sie vielleicht auf einige Ähnlichkeiten stoßen. Außerdem können Sie sehen, wie die verschiedenen Perspektiven die Stärken und Schwächen der anderen ausgleichen und Sie können eine neue und bessere Perspektive erhalten.

Inklusivität spielt auch eine wichtige Rolle, wenn die Meinungsverschiedenheiten zwischen den Perspektiven auf starken Werten und Prinzipien beruhen. Wenn Sie Ihre eigene Perspektive verfolgen, die von einem dieser Werte oder Prinzipien angetrieben wird, könnte es dann sein, dass auch andere durch einige dieser Werte und Prinzipien, die Ihnen wichtig sind, motiviert sind? Überlegen Sie sich also, welche Werte oder Prinzipien eine bestimmte Perspektive stützen und wie relevant sie sind.

Interagieren Sie mit Menschen. Es ist nicht leicht sich vorzustellen, was eine andere Person durchmacht, es sei denn, Sie führen ein Gespräch mit ihr. Sie müssen mit der Person interagieren, indem sie ihr Fragen stellen, zuhören, um zu erfahren, was sie fühlt sowie ihre Bedenken und Perspektiven betrachten. Wenn Sie in solche Interaktionen involviert sind, ist es wahrscheinlicher, dass jeder seine wahren Gefühle ausdrückt als einfach nur die Dinge zu sagen, die der jeweils andere hören will. Dies führt zu einem besseren Verständnis der Gefühle, Sorgen und Standpunkte anderer. Mit der Zeit bauen solche qualitativ hochwertigen Interaktionen auch Vertrauen und soziale Zusammenarbeit auf.

Schließlich sollten Sie ein Gleichgewicht zwischen Ihrer Individualität und der Perspektive des anderen finden. Sie müssen sich in die Perspektiven, Emotionen sowie in die Subjektivität anderer Menschen hineinfühlen, jedoch ohne sich von ihnen mitreißen zu lassen. Bleiben Sie leicht distanziert, damit Sie die Situationen und Perspektiven richtig einschätzen können. Losgelöstheit bedeutet nicht, gefühllos zu werden, sondern das Problem zu lösen, ohne sich zu sehr darin zu verstricken. In Bezug auf Meinungen bedeutet Distanz, dass man nicht unbedingt jedes Mal mit den anderen übereinstimmen muss, aber man sollte immer ihre Perspektive verstehen.

Wenn Sie rücksichtsvoller, interaktiver und distanzierter beim Umgang mit Argumenten oder Meinungsverschiedenheiten sind, werden viele Differenzen verschwinden. Es werden sich neue Wege eröffnen, die Sie zu gemeinsamen Zielen führen.

Wenn Sie lernen, die Perspektive des anderen zu schätzen und sie angemessen zu nutzen, können Sie Missverständnisse vermeiden, produktive Gespräche ermöglichen und Ihre gemeinsamen Ziele erreichen.

Worauf kommt es also letztlich an? Wie Sie sich selbst sehen oder wie andere Sie sehen?

Wenn Sie mir mit der Lektüre bis hierher gefolgt sind, wird es für Sie nicht schwer sein, darauf zu antworten. Es ist berechtigt zu schlussfolgern, dass beides wichtig ist. Keines von beiden kann ausgelassen werden. Sie sollten jedoch alles mit einer distanzierten Haltung betrachten.

Wenn Sie die Perspektiven der anderen über sich selbst sammeln, um Ihr Selbstbild zu verbessern oder eine bessere Version Ihrer selbst zu sein, wirkt sich das positiv auf Ihr Leben aus. Wenn Sie sich aber von den Standpunkten anderer einschüchtern lassen, verformt das zu sehr Ihren eigenen Charakter.

Im nachfolgenden Abschnitt werde ich detaillierter über den Aufbau eines positiven Selbstbildes sprechen.

Aufbau eines positiven Selbstbildes

Das Selbstbild beschreibt, wie Sie sich selbst, Ihre Persönlichkeitsmerkmale und Fähigkeiten sehen und was Sie glauben, das andere über Sie denken. Wenn Sie sich gut fühlen, Ihre Stärken erkennen und gleichzeitig realistisch mit Ihren Schwächen umgehen, dann haben Sie ein positives Selbstbild. Wenn Sie sich dagegen nicht gut fühlen und sich auf Ihre Fehler und Schwächen konzentrieren, während Sie Ihr Versagen überbewerten, haben Sie ein negatives Selbstbild.

Sie beurteilen sich sowohl objektiv als auch subjektiv. Die objektive Beurteilung wird nicht durch persönliche Gefühle, sondern durch verschiedene Faktoren beeinflusst, wie zum Beispiel Ihre Größe, Ihr Gewicht, Ihre Haarfarbe und Ihren IQ. Die subjektive Beurteilung wird von Ihren persönlichen Gefühlen beeinflusst und umfasst u. A. Eigenschaften wie Fürsorge, Zuneigung, Großzügigkeit, Humor und Geduld. Da das Selbstbild eine gesammelte Darstellung Ihrer Selbstbewertung ist, wird es letztlich eher subjektiv als objektiv ausfallen. Menschen sind im Allgemeinen kritischer sich selbst gegenüber und legen mehr Bedeutung auf ihre Fehler als auf ihre Qualitäten. Daher ist ihr Selbstbild meistens nicht repräsentativ.

Das Selbstbild eines Menschen ist mehr oder weniger widerstandsfähig gegen Veränderungen. Es wird jedoch von den eigenen Lebenserfahrungen und den Interaktionen mit anderen beeinflusst. Sowohl positive als auch negative Lebenserfahrungen und

Interaktionen mit Familienmitgliedern, Gleichaltrigen und Freunden spielen eine wichtige Rolle bei der Gestaltung des Selbstbildes. Wenn Sie zum Beispiel bei einer Aufgabe scheitern und die Menschen in Ihrer Umgebung Sie ebenfalls kritisieren und ablehnen, können Sie ein negatives Selbstbild entwickeln. Wenn Ihre Familie und Freunde Sie dagegen unterstützen, werden sie Ihre positiven Eigenschaften stärken und Ihnen helfen, Ihr positives Selbstbild zu entwickeln.

So wie Ihr Selbstbild von Ihren Erfahrungen und Beziehungen beeinflusst wird, so prägt das Selbstbild auch Ihre Erfahrungen und Beziehungen. Wenn Sie ein positives Selbstbild haben, werden Sie eine allgemein optimistische Einstellung haben. Wenn Sie in einer solch positiven Einstellung mit anderen Menschen interagieren, wird Sie diese Einstellung aufbauen und sich positiv auf Sie auswirken, was zu einer konstruktiven Beziehung beiträgt. Diese konstruktiven Beziehungen werden Ihr positives Selbstbild weiter stärken.

Ihr Selbstbild ist auch eng mit Ihrem Selbstwertgefühl und Ihrem Selbstvertrauen verbunden. Das Selbstwertgefühl ist die Art und Weise, wie Sie sich selbst schätzen. Selbstvertrauen ist das Vertrauen in Ihr Wissen, Ihr Urteilsvermögen und Ihre Fähigkeiten. Ein schlechtes Selbstbild führt zu geringem Selbstwertgefühl und Selbstvertrauen. Ein positives Selbstbild ist also wichtig, da es sich auf Ihr Denken, Verhalten und Ihre Beziehung zu anderen Menschen in Ihrer Umgebung auswirkt. Es steigert Ihr körperliches, geistiges, emotionales und spirituelles Wohlbefinden und erhöht das Vertrauen in Ihre Beziehungen. Auch die Menschen um Sie herum werden durch Ihr positives Selbstbild positiv beeinflusst.

Die Frage ist jedoch: Wie baut man ein positives Selbstbild auf?

Häufig sind wir das Produkt dessen, was andere von uns erwarten. Wir haben oft den Kontakt zu dem verloren, was und wer wir "eigentlich" sind. Aber jeder von uns kennt sich selbst besser als andere uns kennen. Wir wissen, was wir denken, was wir fühlen, was uns gefällt und was uns nicht gefällt, und doch vergleichen wir uns immer noch mit anderen. Dies spiegelt unsere Unzufriedenheit mit uns selbst wider. Und wir sind unzufrieden, weil wir weit davon entfernt sind, unser wahres Selbst zu verkörpern, was uns unglücklich und emotional leer macht.

Folgen Sie also diesen Schritten, um Ihr wahres Selbst zu entdecken:

Folgen Sie Ihrer Leidenschaft. Seien Sie Sie selbst, indem Sie Ihren Geist, Ihren Verstand und Ihre Seele pflegen.

In der heutigen Zeit sind Geld und Reichtum zu den Maßstäben für den Erfolg eines Menschen geworden. Folglich sehen Sie, wie junge Berufstätige höher bezahlte Jobs annehmen, damit andere stolz auf sie sind.

Der Job mag ihnen nicht gefallen, aber da er gut bezahlt wird und ihnen mehr Respekt einbringt, ziehen sie ihn anderen Jobs vor. Sie geben vor, glücklich zu sein, fühlen sich aber möglicherweise ziemlich verzweifelt.

Leider sehen sich die Menschen heute oft nur in Bezug auf ihre Titel und Gehälter. Diese sind zu Bestimmungsfaktoren des Selbstwertes geworden. Stattdessen sollten Sie sich darauf konzentrieren, authentisch zu sein, was wiederum den Verstand, den Geist und die Seele nährt. Entdecken Sie Ihre Leidenschaft und finden Sie Arbeit, die Ihnen Spaß macht.

Lassen Sie Ihr inneres Kind niemals sterben.

Was können Sie am besten von einem Kind lernen? Sorgenfrei zu sein!

Kinder kümmern sich nicht darum, was andere über sie denken, weil sie mit sich selbst und ihrem Leben glücklich sind. Sie sind ihre eigene Person, weil sie nicht so modelliert wurden, dass sie in die Gesellschaft und ihre absurden Normen passen. Sie genießen es, zu laufen, zu spielen und zu springen, wo immer sie sind, und es ist ihnen egal, was andere denken.

Mit wachsendem Alter jedoch entspricht man immer mehr den Erwartungen anderer und verliert den Kontakt zu seinem inneren Kind. Seien Sie wie Ihr inneres Kind und werden Sie frei, indem Sie den Augenblick genießen und Spaß haben.

Finden Sie Ihre inneren Stärken.

Akzeptieren Sie sich selbst und Ihre Persönlichkeit, egal wie sehr Sie sich von anderen unterscheiden. Sie können ein extrovertierter und spontaner oder ein introvertierter und etwas unbeholfener Mensch sein. Vergessen Sie diese Etiketten, die nicht wichtig sind. Sie sind das, was Sie fühlen und denken. Lassen Sie das ganze Vortäuschen, weil Sie sich anpassen wollen. Seien Sie einfach Sie selbst und finden Sie Ihre Stärken. Wenn andere Menschen aufrichtig sind, werden sie Ihr "wahres" Ich akzeptieren.

Stimmen Sie sich auf Ihre Gefühle ein.

Erkennen Sie Ihre Gefühle an, egal ob sie gut oder schlecht sind. Wenn Sie mit Ihren Gefühlen im Einklang sind, verstehen Sie mehr über sich selbst. Außerdem gibt es Ihnen die Kraft, mit Traurigkeit, Glück, Angst oder Wut umzugehen, ohne gestresst zu werden, und hilft Ihnen, einen friedlichen Seelenzustand zu genießen.

Werden Sie sich Ihrer Gedanken mehr bewusst.

Es lässt sich kaum zählen, wie viele negative Gedanken täglich durch Ihren Kopf gehen. Und nach einer gewissen Zeit können diese negativen Gedanken Wirklichkeit werden. Denn das ist das Gesetz der Natur. Jeder Gedanke manifestiert sich in eine Realität. Sie müssen also besonders auf Ihre Gedanken und deren Qualität achten. Regelmäßige Meditation hilft Ihnen, sich Ihrer Gedanken bewusster zu werden und gibt Ihnen die Kraft, sie zu verändern. Beobachten Sie dann den ganzen Tag über Ihre Gedanken. Wenn

Sie sich Ihrer Gedanken bewusster werden und diese bei Bedarf ändern, werden Sie sich mehr auf Ihre Gegenwart konzentrieren.

Vertrauen Sie Ihrer Intuition.

Es ist immer ratsam, seiner Intuition zu folgen. Sie ist einer der wesentlichsten Bestandteile Ihres Wesens. Wenn Sie beginnen, Ihrer Intuition zu vertrauen, verwandeln Sie sich in Ihr authentisches Selbst, das Ihr "wahres" Ich widerspiegelt.

Sie mögen glauben, dass eine durchdachte Entscheidung praktisch ist und mehr Nutzen bringt, aber das stimmt nicht immer. Praktische Entscheidungen werden auf der Grundlage dessen getroffen, was im Denken für richtig gehalten wird - und nicht auf der Grundlage dessen, was gefühlsmäßig als richtig empfunden wird. Wenn Sie eine Entscheidung treffen, indem Sie Ihrer Intuition folgen, wird Ihre Seele zufrieden sein.

Kommen Sie aus Ihrem Schneckenhaus heraus.

Während Sie lernen, Sie selbst zu sein, kommen Sie vielleicht in Versuchung, alles auf einmal zu tun. Sie wollen alle Masken und Heucheleien loswerden und über Nacht völlig authentisch werden. Aber so funktioniert es nicht. Zuerst sollten Sie Ihr unechtes Verhalten in einem sozialen Umfeld erkennen und es dann schrittweise korrigieren. Gehen Sie allmählich aus Ihrem Schneckenhaus heraus, um in Ihrem Leben authentischer zu sein. Beginnen Sie damit, sich kleine Ziele zu setzen, um sich zu verändern und arbeiten Sie schrittweise und konsequent daran, sie nach und nach zu erreichen. Kleine Schritte führen zu einer großen Veränderung. Sie werden Ihre Ziele bald erreichen und sich ganz anders verhalten als zuvor.

Beruhigen Sie sich. Vertrauen Sie darauf, dass es in Ordnung ist, Sie selbst zu sein.

Viele Menschen fühlen sich angespannt oder ängstlich, wenn sie versuchen, sie selbst zu sein. Wenn Sie zu diesen Menschen gehören, beruhigen Sie sich zunächst und machen Sie sich klar, dass es völlig in Ordnung ist, "ich selbst" zu sein. Der einzige Weg, dies zu erreichen, ist das Selbstgespräch. Setzen Sie sich einige Minuten lang schweigend hin, beobachten Sie, was sich in Ihrem Kopf abspielt, und machen Sie sich dies in einem inneren Dialog verständlich. So wie wir es einem Kind verständlich machen würden, auf eine zuversichtliche und überzeugende Weise. Machen Sie jetzt dasselbe mit Ihrem Verstand. Sie müssen sich sagen, dass es in Ordnung ist, Ihr wahres Ich zu sein. Wenn andere das nicht mögen, ist das deren Problem. Dieses Selbstgespräch wird Ihre Anspannung und Angst abbauen und Ihnen dabei helfen, in einem sozialen Umfeld besser zu interagieren.

Umgang mit Angst.

Gehen Sie einen Schritt weiter und lesen Sie einige Bücher über den Umgang mit Angst. Ihr Mangel an einem positiven Selbstbild könnte mehr als nur mangelndes Selbstvertrauen sein. Es könnte sich um eine ernsthafte soziale Angst handeln. Wenn Sie versuchen, Ihre soziale Angst zu bekämpfen, wird sich dies als nützlich erweisen, um Ihr wahres Selbst zu entdecken.

Wenn Sie durch diese Maßnahmen zu Ihrem "wahren" Selbst finden, versichere ich Ihnen, dass Sie beginnen werden, sich gut mit sich selbst zu fühlen. Sie werden lernen, sich so zu akzeptieren und zu lieben, wie Sie sind. Und wenn das geschieht, werden auch andere beginnen, Sie so zu akzeptieren, wie Sie sind.

Fallstudie: Die Macht der Perspektive und des positiven Selbstbildes

John freut sich auf seine erste Verabredung. Er mag die junge Frau, mit der er ausgeht, sehr gern, deshalb ist er sehr daran interessiert, einen guten Eindruck zu hinterlassen und mit ihr in Kontakt zu bleiben. Im Laufe des Gespräches merkt er jedoch, dass sie von völlig anderen Werten motiviert und angetrieben wird. Sie hat in fast allem einen unterschiedlichen Geschmack als er. Was tut John nun, um einen guten Eindruck zu hinterlassen?

Er respektiert die Meinungen und Werte der Frau, bietet aber auch seine eigenen an. Anstatt blind ihren Ansichten über die Dinge zu folgen, scheut er sich nicht, ihr offen, aber respektvoll zu widersprechen.

Sein positives Selbstbild und sein hohes Selbstwertgefühl ermöglichen es ihm, seinen Werten treu zu bleiben und erleichtern die Kommunikation mit anderen, auch wenn diese nicht einverstanden sind. Das liegt daran, dass es für John wichtiger ist, sich authentisch zu verhalten als dass ihn seine Verabredung mag.

Was denken Sie also über sich selbst? Haben Sie ein positives oder ein negatives Selbstbild von sich selbst? Das wollen wir mit dem nächsten Fragebogen herausfinden.

Selbsteinschätzung zur Selbstentdeckung

Ja, ich habe wieder einmal einen weiteren Fragebogen zur Selbstbewertung für Sie. Ich verspreche Ihnen, dass es Spaß macht, diesen Fragebogen auszufüllen. Sie bekommen zudem eine reelle Einsicht Ihrer Selbst - etwas, das sehr wichtig ist, wenn man der Herr seines eigenen Lebens sein möchte.

Konzentrieren Sie sich und beantworten Sie die folgenden Fragen ehrlich:

1. Was sind Ihre Stärken?

    a. Nennen Sie fünf Dinge, die Sie an sich selbst lieben.
    b. Nennen Sie fünf Fähigkeiten, Fertigkeiten oder Talente, die Sie haben.
    c. Nennen Sie fünf Erfolgserlebnisse oder Dinge, die Sie in Ihrem Leben erreicht haben.
    d. Nennen Sie fünf schwierige Situationen, die Sie überwunden haben.
    e. Nennen Sie drei bis fünf Personen, die Sie am meisten unterstützen.

f. Nennen Sie drei bis fünf Personen, denen Sie in irgendeiner Weise geholfen haben.

g. Nennen Sie fünf Dinge, für die Sie dankbar sind, sie in Ihrem Leben zu haben.

2. Was sind Ihre größten Hindernisse zur Anwendung von Durchsetzungsfähigkeit?

3. In welchen Bereichen müssen Sie Ihre Perspektive ändern, um Ihr Leben zu verändern?

Zusammenfassung des Kapitels

- Geringes Selbstwertgefühl, geringes Selbstvertrauen, Unwissenheit über die eigenen Rechte, Stress und Angst sind die Haupthindernisse für das Durchsetzungsvermögen im täglichen Leben.

- Der Aufbau eines positiven Selbstbildes und die Berücksichtigung der (unterschiedlichen) Perspektiven anderer sind die Schlüssel zum Erreichen eines durchsetzungsstarken Kommunikationsstils.

- Folgen Sie Ihrer Leidenschaft, erkennen Sie Ihre Gefühle an, werden Sie sich Ihrer Gedanken bewusst, finden Sie Ihre inneren Stärken, vertrauen Sie Ihren Intuitionen und verlassen Sie Ihre Komfortzone, um Ihr wahres Selbst zu entdecken und ein positives Selbstbild aufzubauen.

Im nächsten Kapitel werden Sie lernen:

- Was persönliche Ermächtigung ist und wie man sie erreicht.
- Wie sich persönliche Selbstermächtigung anfühlt.
- Die Beziehung zwischen Durchsetzungsvermögen und Selbstermächtigung.
- Wie man sich positiv durchsetzen kann. '

KAPITEL 3:

Ihre persönliche Kraft nutzen

Wie im letzten Kapitel besprochen, ermöglicht der Aufbau eines positiven Selbstbildes, dass Sie der Herr Ihres eigenen Lebens sind. Kurz gesagt, Sie fühlen sich dadurch ermächtigt bzw. gestärkt.

Aber warum wollen wir uns alle ermächtigt fühlen?

Weil die Menschen ohne Ermächtigung keine Kontrolle darüber haben, was sie tun. Sie haben kein Vertrauen in sich selbst und in ihre Entscheidungen und deshalb verlassen sie sich darauf, dass andere die Entscheidungen für sie treffen - ihr Ehepartner, ihr Kollege, ihre Kinder oder Gleichaltrige. Sie könnten von ihren Kollegen, Freunden oder der Familie dominiert oder von den Anforderungen ihrer Arbeit überfordert sein.

Im Gegensatz dazu haben ermächtige/gestärkte Menschen die volle Verantwortung für das, was sie tun, was sie im Leben wollen und wie sie es erreichen können.

Was ist persönliche Ermächtigung?

"Ermächtigung" bedeutet wörtlich "mächtig werden". Das bedeutet nicht, dass man wie ein Sumo-Ringer an Stärke gewinnt oder die einflussreichste Position in seiner Arbeit erreicht. Wahre Ermächtigung erfordert einerseits, dass Sie sich sinnvolle Ziele setzen, indem Sie erkennen, was Sie sich im Leben wünschen und andererseits, entsprechende Maßnahmen zu ergreifen, um diese Ziele zu erreichen und so eine signifikante Veränderung in dieser Welt zu erreichen.

Persönliche Ermächtigung bedeutet daher, die Kontrolle über Ihr eigenes Leben zu übernehmen und nicht zuzulassen, dass andere es für Sie kontrollieren. Seien Sie sich auch darüber im Klaren, dass "Ermächtigung" nicht dasselbe ist wie "Anspruch". Die Menschen, die meinen, einen Anspruch zu besitzen, sind der Meinung, dass alle Vorteile und Privilegien automatisch zu ihnen kommen sollten. Auf der anderen Seite erreichen ermächtigte Menschen Erfolg durch harte Arbeit, Reflexion und Zusammenarbeit.

So einfach es auch klingt, der Prozess der persönlichen Ermächtigung ist kompliziert. Um sich selbst zu ermächtigen, müssen Sie Ihr Selbstbewusstsein entwickeln, das Ihnen hilft, Ihre Stärken und Schwächen zu verstehen. Außerdem müssen Sie sich Ihrer Ziele bewusst sein und verstehen, wie sie sich von Ihrem derzeitigen Standpunkt unterscheiden und welche Verhaltensweisen, Werte oder Überzeugungen Sie ändern müssen, um sie zu erreichen. Der Grad dieser erforderlichen Veränderung ist von Person zu Person unterschiedlich.

Aber ich habe versprochen, Ihnen komplexe Themen zu erleichtern!

Deshalb habe ich einen achtstufigen Prozess skizziert, der Ihnen die Entwicklung Ihrer persönlichen Ermächtigung erleichtern wird. Lassen Sie uns diesen Prozess Schritt für Schritt erlernen.

Identifizieren Sie ein Ziel, das sich auf Ermächtigung bezieht

Das kann z. B. eine Hausfrau sein, die finanzielle Unabhängigkeit von ihrem Ehepartner anstrebt, oder jemand, der mehr Einfluss auf seine Teamkollegen haben möchte.

Erweitern Sie Ihr Wissen

Der nächste Schritt besteht darin, mehr über das von Ihnen gesetzte Ziel zu verstehen. Wenn Sie zum Beispiel nicht finanziell von

Ihrem Partner abhängig sein wollen, müssen Sie die verschiedenen Möglichkeiten entdecken, Geld durch Arbeit von Zuhause zu verdienen. Öffnen Sie sich also für verschiedene Möglichkeiten. Je offener Sie sind, desto kreativer werden Sie und desto mehr Erfolgsmöglichkeiten eröffnen sich für Sie.

Steigern Sie Ihr Selbstvertrauen

Bevor Sie etwas unternehmen, um Ihr Ziel zu erreichen, müssen Sie daran glauben, dass Sie Ihr Ziel erreichen können. Informationen über Ihr Ziel zu haben, ist eine Sache. Aber Sie müssen auch Ihre Stärken und Schwächen erkennen. Darum geht es bei der Selbsterkenntnis. Dazu gehört auch, dass Sie sich Ihrer Werte und Überzeugungen bewusst sind und diese kritisch überprüfen, um sicherzustellen, dass sie voll und ganz gültig sind. Das wird Ihnen helfen einzuschätzen, wo Sie am ehesten etwas erreichen können.

Arbeiten Sie an Ihren Fähigkeiten und Kompetenzen

Möglicherweise müssen Sie Ihre Fähigkeiten verbessern, um mehr Einfluss zu erlangen. Diese Fähigkeiten können durch Erfahrung, Ausbildung, Training oder Praxis erworben werden. Wenn Sie nun beginnen, mit immer mehr Menschen zu interagieren und versuchen, sie zu beeinflussen, werden Sie schnell lernen, was funktioniert und wie Sie Ihre Fähigkeiten weiterentwickeln können.

Handeln und Handlungen setzen

Der Weg zur persönlichen Ermächtigung wird nicht einfach sein. Auf dem Weg dorthin werden Sie auf Unebenheiten stoßen. Anstatt jedoch beim ersten Hindernis, auf das Sie stoßen, aufzugeben, sollten Sie die Widerstandsfähigkeit und Beharrlichkeit bewahren, um in Bewegung zu bleiben und andere Wege zur Zielerreichung einzuschlagen.

Laufen Sie Ihren eigenen Marathon

Lassen Sie sich von der Konkurrenz nicht unterkriegen. Machen Sie sich keine Sorgen, wenn das Gras auf der anderen Seite grüner zu sein scheint. Das ist nicht gleichbedeutend mit Ihrem Scheitern. Konzentrieren Sie sich auf Ihr Gras, auf die Chance, die vor Ihnen liegt.

Wenn Sie sich Sorgen über die Konkurrenz machen, insbesondere darüber, was andere tun und was nicht, dann verlieren Sie den Überblick über die Bedeutung dessen, was Sie tun. Ermächtigung hat nichts mit Wettbewerb zu tun, sondern nur mit dem, was Sie zur Welt beitragen.

Bewerten Sie Ihre Auswirkungen

Bei der Ermächtigung geht es auch darum, den Einfluss, den Sie auf andere und deren Lebenssituation haben, zu verändern. Deshalb ist es wichtig, auch Ihren Einfluss zu betrachten. Zunächst sehen Sie vielleicht keine großen Veränderungen, aber selbst kleine Veränderungen zählen als Erfolg.

Erweitern Sie Ihr Netzwerk

Ermächtigung entsteht durch Zusammenarbeit, nicht durch Konkurrenz. Erfolg ist nie die Arbeit eines einzigen Menschen. Eine der besten Möglichkeiten, persönliche Ermächtigung zu entwickeln, ist die Vernetzung. Bauen Sie ein Netzwerk von Menschen auf, die Stärken haben, um Ihre Schwächen zu füllen. In einem gemeinschaftlichen Umfeld wird der Erfolg geteilt, und jede Person bestärkt die andere.

Wettbewerb trennt uns und kann manchmal zu Eifersucht oder Wut führen, was Ihnen nicht hilft, langfristige Beziehungen aufzubauen oder erfolgreicher zu sein.

Wie wirkt sich die Sprache auf Ihre persönliche Ermächtigung aus?

Die Art und Weise, wie Sie verbal und nonverbal mit anderen kommunizieren, kann sowohl Sie als auch die Menschen, mit denen Sie kommunizieren, bestärken. Zum Beispiel hat die Verwendung einer positiven und aktiven Sprache, wie "Ich will" und "Ich kann", eine starke Wirkung, während das Gegenteil, nämlich eine negative und passive Sprache, Passivität, mangelnde Kontrolle und Verantwortung für Ihre Handlungen impliziert.

Wenn Sie sich anderen vorstellen, verwenden Sie Ihre eigenen Worte, um sich selbst zu beschreiben und nicht, wie andere Sie definieren. Andernfalls könnten andere Menschen Sie dazu bringen, sich deren Forderungen anzupassen.

Kritisieren Sie eine Person niemals direkt. Wenn Kritik absolut notwendig ist, üben Sie diese mit äußerster Vorsicht aus. Verwenden Sie positive und unterstützende Worte und Sätze, um Kritik auf konstruktive Weise auszuüben. Wenn Ihr Teamkollege zum Beispiel immer zu spät zur Arbeit kommt, aber sehr hart arbeitet, loben Sie seine harte Arbeit. Sagen Sie ihm, wenn er so hart arbeiten kann, kann er auch pünktlich sein. Ihre Worte werden eine magische Wirkung haben. Sie werden ihn darin bestärken, es zumindest zu versuchen, pünktlich zu sein.

Auf diese Weise kann Ihre Sprache eine wichtige Rolle für Ihre persönliche Ermächtigung und die der anderen spielen. Lassen Sie uns nun anhand eines Beispiels sehen, wie sich persönliche Ermächtigung anfühlt.

Fallstudie: Wie sich persönliche Ermächtigung anfühlt

Amara und Shira sind beste Freundinnen. Sie haben sich beide innerhalb eines Jahres nach ihrer Hochzeit von ihren Ehemännern scheiden lassen. Sie versuchten aufrichtig, ihre Ehen zu retten, aber es ist ihnen nicht gelungen. Auch erhielten sie von ihren Ehemännern nicht die erforderlichen Unterhaltszahlungen.

Fühlen sie sich ermächtigt?

In Amaras Fall ist sie es tatsächlich. Obwohl sie nach der Scheidung einige Tage lang traurig war, beschloss sie, weiterzumachen. Sie wollte sich nicht unterkriegen lassen. Sie nahm eine Arbeit an, die ihr gefiel, fand neue Freunde und bereitet sich nun auf ihre zweite Ehe vor.

Shira hingegen ist deprimiert, frustriert und voller Tränen. Sie ist überzeugt, dass ihr Leben seit der Scheidung zum Stillstand gekommen ist. Jeden Tag gibt sie ihrem Mann die Schuld und wiederholt, dass er sie nicht gut behandelt hat. Sie will arbeiten, sie will neue Leute kennenlernen, aber sie hat Angst, wegen ihrer Scheidung abgelehnt zu werden.

Amara wusste, was sie von ihrem Leben wollte. Also traf sie eine Entscheidung und handelte dementsprechend. Shira hingegen fühlt sich machtlos, ihre Situation zu ändern, also versucht sie es gar nicht erst. Es fehlt ihr an Selbstvertrauen und an der Fähigkeit, das zu erreichen, was sie will. Dies wird zu einem Teufelskreis. Wegen des Mangels an Selbstvertrauen versucht sie es nicht einmal. Und weil sie es nicht versucht, schafft sie es nicht, sich ermächtigt zu fühlen.

Doch Ermächtigung kommt nicht nur vom Erreichen von Zielen. Sie müssen sich zu Wort melden und Stellung beziehen, um sich ermächtigt zu fühlen. Mit anderen Worten: Sie müssen durchsetzungsfähig sein, um sich ermächtigt zu fühlen.

Lassen Sie uns im nächsten Abschnitt die Beziehung zwischen Durchsetzungsvermögen und Ermächtigung untersuchen.

Durchsetzungsvermögen und Ermächtigung

Betrachten Sie die folgende Situation:

Nancy arbeitet in der Personalabteilung eines Unternehmens. Sie ist eine junge, schöne, verheiratete Frau. Ihr Unternehmen hat eine Firmenreise nach Goa organisiert. Alle ihre Kollegen fahren mit, nur sie nicht. Das liegt daran, dass ihr Mann das Gefühl hat, dass sie ohne ihn nicht auf eine Reise gehen kann. Er denkt, dass sie ohne ihn nicht auf sich selbst aufpassen kann.

Also unterdrückt Nancy ihre Begeisterung für die Reise und passt sich der Situation an. Ein paar Monate später gibt Nancys Chef eine üppige Party bei sich zu Hause und lädt sie und ihren Mann ein. Aber auch hier weigert sich ihr Mann, zur Party zu gehen und findet eine schlechte Ausrede und lässt Nancy auch nicht hingehen.

Immer wieder musste Nancy ihre Gefühle wegen ihres Mannes unterdrücken.

Hört sich das nach Ihnen an?

Nun, das liegt daran, dass Nancy und Sie sich dafür entscheiden, im Stillen zu leiden, anstatt Ihre Gefühle auszudrücken. Sie verhalten sich passiv, damit Sie nicht die Gefühle anderer verletzen. Es mag so aussehen, als ob Sie Ihre Kräfte für das Gute einsetzen und nicht die Gefühle anderer verletzen wollen, aber das ist eine Illusion.

Wenn Sie sich passiv verhalten, fühlen Sie sich wie ein Opfer, das in seiner Lebenssituation gefangen ist und ohne die Hilfe anderer nicht mehr aus ihr herauskommt. Wenn Sie ein Opfer spielen, werden Sie sich niemals ermächtigt fühlen. Stattdessen werden Sie anderen Menschen immer ausgeliefert sein.

Andererseits hätte Nancy auch aggressiv werden können, indem sie ihren Ehemann anschreit oder anbrüllt. Aggressivität entwickelt sich gewöhnlich aus einem Gefühl, Anspruch auf etwas zu haben. Zudem ist Aggressivität eine weit verbreitete Art und Weise, ein Gefühl der Macht zu entwickeln. Einige Menschen glauben, dass Aggressivität der richtige Weg ist, mit solchen Situationen umzugehen, insbesondere indem sie andere kontrollieren. Die Macht der Aggressivität ist jedoch ungesund und kann Ihren Beziehungen ernsthaft schaden. Wenn es zu Ihrer üblichen Methode wird, Kontrolle über Situationen zu erlangen, wird Sie dies von anderen entfremden und kann bei den Beteiligten sogar Angst auslösen.

Neben dem passiven und aggressiven Ansatz zur Kontrolle von Situationen verfolgen einige Menschen auch einen passiv-aggressiven Ansatz. Dabei handelt es sich um eine tödliche Kombination aus zwei ungesunden Ansätzen. Wenn zwei Menschen in einer Beziehung sind, macht dieses passiv-aggressive Verhalten die Dinge viel komplizierter.

In Nancys Fall kann sie sich oberflächlich den Anforderungen ihres Mannes anpassen, ihn aber stillschweigend bestrafen, indem sie beispielsweise kein gutes Essen für ihn kocht. Eine Person mit passiv-aggressivem Verhalten fühlt sich mächtig, aber in Wirklichkeit verliert sie ihre Integrität und reduziert jegliche Möglichkeiten einer gesunden Selbstermächtigung.

Gesunde Ermächtigung und welche Rolle Durchsetzungsvermögen dabei spielt

Wie unterscheiden wir also gesunde Ermächtigung von ungesunder Ermächtigung?

Das ist ganz einfach! Gesunde Ermächtigung erlaubt es den Menschen nicht, auf Kosten anderer zu handeln. Ein Mensch mit gesunder Ermächtigung weiß, wie er sein Leben mit Zuversicht und Zielstrebigkeit führen kann. Wenn eine ermächtigte Person einen Fehler begeht, der jemanden verletzt, entschuldigt sie sich und sucht gesunde Wege zur Lösung, während sie die Bedürfnisse der anderen Person berücksichtigt.

Zusätzlich lässt eine ermächtigte Person den anderen wissen, ob sie sich belästigt oder ausgenutzt fühlt. Liebe und Respekt für sich selbst und andere sind das Lebensmantra eines ermächtigten (gesunden) Menschen.

Wenn Sie sich ermächtigt fühlen, fühlen Sie sich auch befreit. Sie übernehmen Verantwortung für Ihre Handlungen, die nicht durch das Verhalten anderer Menschen beeinflusst werden. Hier sind vier Tipps, die Ihnen helfen sollen, selbstbewusster zu werden und sich in Ihrem Leben ermächtigt zu fühlen:

Seien Sie freundlich, aber nicht anpassend

Es gibt einen Unterschied zwischen freundlichen und sich anpassenden Menschen.

Freundlich bedeutet, sich um seine Freunde oder Familie zu kümmern und ihnen in Zeiten der Not zu helfen. Auf der anderen Seite sind Sie dann entgegenkommend, wenn Sie sich auf Kosten Ihrer selbst um sie kümmern. Sie wissen einfach nicht, wann Sie „nein" sagen sollen. Infolgedessen bauen Sie innerlich Wut und Ärger auf. Sie haben das Gefühl, dass die Menschen Ihre Unfähigkeit, "nein" sagen zu können, knallhart ausnutzen.

Sie haben also die Wahl: ob Sie freundlich oder entgegenkommend mit den Menschen umgehen wollen. Wenn Sie sich für "freundlich sein" entscheiden, dann sind Sie nicht nur mit anderen befreundet, sondern auch mit sich selbst.

Verstehen Sie, dass Sie nicht Ihre eigenen Bedürfnisse opfern sollen, um die Bedürfnisse anderer zu befriedigen. Wenn Ihr Freund Sie zum Beispiel um Ihre finanzielle Unterstützung bei etwas bittet, das Sie jedoch nicht tun können, lehnen Sie einfach ab oder bitten Sie um eine Rückerstattung. So fühlen Sie sich nicht als Opfer der Forderungen anderer Menschen.

Äußern Sie sich, aber werden Sie dabei nicht laut

Wer nicht weiß, was Durchsetzungsvermögen ist, stellt sich vielleicht jemanden vor, der übermäßig hart und anspruchsvoll ist. Beim Durchsetzungsvermögen geht es jedoch darum, sich zu äußern und nicht darum, die Stimme laut zu erheben. Die Stimme laut zu erheben bedeutet, wütend zu werden, wenn die eigenen Bedürfnisse nicht erfüllt werden, oder zu schreien und anderen die Schuld zu geben, wenn diese Sie manipulieren.

Sich zu äußern bedeutet hingegen, sich im Vorfeld der eigenen Bedürfnisse bewusst zu werden. Sie schreien andere nicht an oder geben anderen nicht die Schuld, sondern Sie setzen proaktiv vernünftige Erwartungen und Grenzen. Mit anderen zu kommunizieren, hilft, gesunde und starke Beziehungen aufzubauen und Ihr Selbstwertgefühl zu stärken.

Definieren Sie Ihre Grenzen

Grenzen sind wichtig, und es ist ebenso wichtig, sie zu definieren. Trotz Festlegung der Grenzen werden einige Leute versuchen, sie zu überschreiten. Und was dann?

Halten Sie Ihre Grenzen gut definiert und bekräftigen Sie diese gegenüber denen, die versuchen, sie zu überschreiten. Komme, was wolle, geben Sie niemals den Forderungen dieser Menschen nach. Sonst werden sie immer wieder versuchen, Ihre Grenzen zu überschreiten.

Halten Sie nicht an egoistischen "Freunden" fest

Sie wissen, wer Ihre egoistischen "Freunde" sind! Sie sind warmherzig und höflich, aber sie werden nur mit Ihnen interagieren, wenn Sie etwas dafür bekommen.

Können Sie diese Personen als Ihre "wahren" Freunde bezeichnen? Werden sie nicht Ihre Grenzen überschreiten und erwarten, dass Sie ihren Forderungen nachgeben?

Wenn Sie befürchten, sie zu verlieren, seien Sie entspannt! Sie müssen ihnen nicht sagen, dass Sie sie loswerden wollen. Ihre "Freunde" werden Sie automatisch verlassen, wenn sie merken, dass Sie nichts mehr für sie tun werden. Manche versuchen vielleicht, Ihnen ein schlechtes Gewissen einzureden, aber hören Sie einfach nicht hin. Ärgern Sie sich nicht über den Verlust egoistischer Freunde. Es ist gut, dass sie aus Ihrem Leben verschwinden. Sie verdienen wahre Freunde.

Der Mangel an Ermächtigung führt zu einem Gefühl der Hilflosigkeit. Ihr Leben liegt in den Händen anderer. Diese können Sie wie eine Marionette nach deren Launen und Fantasien tanzen lassen. Das erzeugt Angst und Ärger.

Wenn Sie jedoch durchsetzungsfähiger werden, liegt die Macht und Kontrolle wieder in Ihren Händen.

Wie man sich positiv durchsetzen kann

Es ist ein schmaler Grat zwischen Durchsetzungsvermögen und Aggressivität. Wenn Sie sich gestärkt fühlen wollen, mehr Kontrolle über Ihr Leben haben wollen und ein glückliches, positives und erfülltes Leben führen wollen, müssen Sie durchsetzungsfähig sein.

Dennoch bleibt die Frage offen, wie Sie sich positiv durchsetzen können.

Viele Menschen betrachten sich im Allgemeinen als durchsetzungsfähig, aber in der Realität gab es schon Situationen, in denen sie die Dinge einfach vorbeiziehen ließen. Sie haben sich nicht für sich selbst eingesetzt. Und was war das Ergebnis? Wut, Ärger, Frustration und Schuldgefühle.

Wenn manche Menschen mit einer schwierigen Situation konfrontiert sind, haben sie das Gefühl, dass es leichter ist, wegzulaufen, als sich ihr zu stellen. Das liegt daran, dass ihnen die innere Kraft fehlt, die Ermächtigung, von der wir gesprochen haben.

Es ist jedoch viel effektiver, ein starker und mächtiger Löwe zu sein als eine scheue Maus, die vor der Gefahr davonläuft. Es ist Zeit, das Durchsetzungsvermögen genauer zu betrachten und die Schritte zu lernen, um wie ein "Löwe" in Ihrem Leben zu sein.

Aber warum der Löwe? Weil der Löwe Stärke und Macht symbolisiert, die Sie sich letztlich wünschen und die Ihnen helfen werden, Ihre Lebensziele zu erreichen.

Hier sind sieben einfache Schritte, um sich positiv durchzusetzen:

Schaffen Sie ein Bild der Stärke in Ihrem Verstand

Nehmen wir das Beispiel des Löwen, das ich oben genannt habe. Behalten Sie dieses Bild von sich selbst als Löwe im Gedächtnis und erleben Sie es noch einmal, wenn Sie mit einer Situation konfrontiert werden, in der Sie sich durchsetzen müssen. Wenn Ihnen ein Löwe nicht realistisch erscheint, wählen Sie ein Bild, das Ihnen Stärke und Macht vermittelt. Kommen Sie wieder darauf zurück, wenn Sie einen durchsetzungsstarken Impuls brauchen. Ein Bild der Stärke in Ihrem Kopf zu erschaffen, erinnert Sie daran, aufmerksam zu bleiben, um durchsetzungsfähig zu sein. Zudem gibt es Ihnen auch die Zuversicht, sich positiv durchsetzen zu können.

Glauben Sie an sich und Ihre Werte

Der erste Schritt zum Durchsetzungsvermögen ist der Glaube an sich selbst und an das, was für Sie wichtig ist. Ohne dieses Selbstbewusstsein oder ein festes Selbstbild wird es schwierig sein, für sich selbst einzustehen und sich durchzusetzen, wenn es nötig ist.

Sie müssen wissen, wer Sie wirklich sind und welche Eigenschaften eine wirklich durchsetzungsfähige Person aus Ihrer Sicht hat. Beginnen Sie noch heute mit der Entwicklung Ihres Selbstbewusstseins. Finden Sie Ihre Stärken, um die Situationen optimal zu nutzen, in denen Sie an Ihren Überzeugungen festhalten müssen.

Verstehen Sie Ihre eigenen Grenzen

Man kann nur dann durchsetzungsfähig sein, wenn man weiß, wo seine Grenzen liegen und wann jemand sie überschreitet. Es ist wichtig, zu definieren und anderen mitzuteilen, was Ihnen unangenehm ist.

Sie müssen sich darüber im Klaren sein, was Sie tolerieren werden und was nicht. Aber bevor Sie dies anderen mitteilen, müssen Sie sich selbst gegenüber im Klaren sein, sonst wissen Sie nicht, wann eine Grenze überschritten wurde.

Verstehen Sie Ihre Bedürfnisse und Ihr Ziel des Durchsetzungsvermögens

Was wollen Sie erreichen, indem Sie sich durchsetzen?

Es könnte sein, dass Sie das unangenehme Verhalten einer anderen Person stoppen oder ein bestimmtes Ziel erreichen wollen. Dabei müssen Sie wissen, was Sie wollen und welchen Zweck Sie durch eine positive Selbstbehauptung erreichen wollen. Das liegt daran, dass Ihr Ziel in der Aufregung verloren gehen könnte. Achten Sie also darauf, sich an Ihre Werte zu erinnern, wenn Sie versuchen, Ihr Ziel zu bestimmen.

Respektieren Sie andere (und sich selbst)

Wir haben festgestellt, dass es einen schmalen Grat zwischen Durchsetzungsvermögen und Aggressivität gibt. Sie können durchsetzungsfähig sein, ohne andere zu demütigen und ohne andere (und sich selbst) in eine verletzliche oder unbequeme Lage zu bringen.

Wie kann das geschehen? Seien Sie respektvoll. Sie können sich respektvoll und freundlich verhalten, auch wenn Sie sich durchsetzen. Versetzen Sie sich in die Lage anderer und denken Sie darüber nach, wie Sie gerne behandelt werden möchten. Setzen

Sie sich durch und behalten Sie dies im Hinterkopf. Wenn Sie anderen gegenüber respektvoll sind, werden Sie auch Ihre Integrität bewahren und sich so verhalten, dass Sie stolz darauf sein können.

Erwartungen klar ausdrücken

Um in jeder Situation durchsetzungsfähig zu sein, ist es unerlässlich, dass Sie klar zum Ausdruck bringen, was Sie von anderen erwarten. Denn wenn Sie sich nicht klar darüber sind, was Sie wollen, wird es erst recht für andere sehr schwer sein, Ihnen das zu geben, was Sie wollen.

Verwenden Sie beim Ausdrücken Ihrer Erwartungen eine klare und direkte Sprache. Vermeiden Sie vage Begriffe oder Wörter, die verwirrend sein könnten. Manchmal ist es nicht leicht, direkt zu sein, aber wenn Sie sich darüber im Klaren sind, was Sie wollen, werden Sie wahrscheinlich eher bekommen, was Sie wollen.

Denken Sie daran: Niemand ist allwissend und kann Ihre Gedanken lesen oder wissen, was Sie wollen. Sie müssen es klar ausdrücken.

Üben Sie oft sich durchzusetzen

Sie alle haben es schon einmal gehört: Übung macht den Meister!

Wenn Sie also Ihr Durchsetzungsvermögen verbessern wollen, müssen Sie es oft üben. Das bedeutet nicht, dass man ständig darauf besteht, seinen Willen durchzusetzen, sondern dass man seine Bedürfnisse erkennt und sie genauso hoch schätzt wie jene der anderen.

Denken Sie an die Situationen, in denen Sie hätten durchsetzungsfähig sein können, es aber nicht waren. Denken Sie darüber nach, wie Sie sich positiv durchsetzen können, wenn ähnliche (oder schlimmere) Situationen in der Zukunft auftreten. Üben Sie es! Üben Sie es, so oft Sie können.

Bauen Sie Ihr Leben auf der Grundlage von Respekt auf

Eine Frage, die Sie vielleicht noch immer beschäftigen könnte: Wie respektiere ich gleichzeitig meine eigenen Bedürfnisse und die der anderen? Muss ich nicht einen Kompromiss suchen für meine eigenen Bedürfnisse, um friedliche Beziehungen zu schaffen? Ist es nicht einfacher, zu schweigen als meine Bedürfnisse zu äußern?

Die Antwort ist kurz: NEIN.

Sie müssen kein Mensch sein, der es immer allen recht machen will, um bessere Beziehungen zu schaffen. Um gute Beziehungen herzustellen, müssen Sie Ihren Selbstausdruck auch nicht zum Schweigen bringen. Dies führt nämlich nur dazu, dass Sie sich passiv verhalten und sich Wut und Groll in Ihnen anstaut. Das Geheimnis liegt darin, sich wieder auf Ihre Bedürfnisse zu konzentrieren und diese entsprechend zu respektieren. Das nennt man Selbstachtung. Dies ist Ihre eigene Fähigkeit, zu sehen, dass Ihr "Selbst" dieselben Grundrechte und dieselbe Würde hat, wie andere Menschen.

In den letzten drei Jahrhunderten nahm die Anzahl der Bürgerrechte der Menschen immens zu. Die von den meisten Ländern unterzeichnete Erklärung der Menschenrechte gewährleistet allen Menschen die gleiche Würde und die gleichen Grundrechte, unabhängig von ihrer sozialen Klasse, ihrem Geschlecht, ihrer Religion usw.

Es ist jedoch überraschend, dass die Menschen ihre Rechte immer noch nicht einfordern oder durchsetzen, obwohl sie diese Rechte besitzen. Das betrifft etwa Menschen, die gemobbt oder schikaniert werden und darüber schweigen, anstatt gegen Ungerechtigkeit zu protestieren. Manche Menschen akzeptieren weniger Lohn für ihre Arbeit, auch wenn sie die gleiche Leistung wie andere Menschen erbringen.

Und warum geschieht dies? Untersuchungen zeigen, dass Menschen, wenn sie sich als gleichwertig mit anderen wahrnehmen, Gleichbehandlung erwarten. Wenn sie es aber nicht tun, betrachten sie Ungleichbehandlung als gerecht und Protest als unangemessen.

Um seine Rechte einzufordern oder sich selbstbewusst zu verhalten, muss man sich also als gleichwertig mit anderen betrachten. Mit anderen Worten, man muss ein gutes Maß an Selbstachtung haben.

Aber was bedeutet es, sich selbst als gleichwertig mit anderen zu sehen? Wie respektiert man gleichzeitig die eigenen Bedürfnisse und die der anderen?

Lassen Sie uns das anhand einiger Beispiele verstehen.

Angenommen, Sie befinden sich in einem Restaurant und sind mit der Bedienung unzufrieden. Eine passive Reaktion wäre, sich ruhig zu verhalten. Eine aggressive Reaktion wäre, den Kellner anzuschreien. Eine durchsetzungsfähige Reaktion wäre, den Kellner in einer freundlichen Art und Weise wissen zu lassen, was Sie wollen. Damit sprechen Sie Ihre Bedürfnisse aus und respektieren gleichzeitig den Kellner.

Sehen wir uns noch einen weiteren Fall an.

Ihr Mitarbeiter ist ein wenig träge und beendet seinen Auftrag nicht rechtzeitig. Anstatt ihn anzuschreien und zu beschimpfen, wäre eine durchsetzungsfähige Reaktion, klare Erwartungen an Ihren Mitarbeiter zu stellen.

Wir können sowohl die Bedürfnisse anderer als auch unsere eigenen respektieren, indem wir "Anfragen" statt "Forderungen" stellen. Forderungen berücksichtigen nicht die Bedürfnisse oder Meinungen der anderen Person und sind in der Regel kontraproduktiv. Anfragen hingegen berücksichtigen die Bedürfnisse beider Parteien. Menschen reagieren eher auf Anfragen, da sie sich verbunden fühlen und die Wahl haben, ob sie zustimmen oder nicht.

Wenn Sie ein "Nein" nicht akzeptieren wollen, dann ist es eine Forderung. Wenn Sie offen dafür sind, Strategien zu finden, die für beide Seiten funktionieren, dann ist es eine Anfrage. Anfragen erhöhen die Bereitschaft anderer Personen.

Die Bedürfnisse des anderen zu respektieren, bedeutet also nicht, einen Kompromiss für die eigenen Bedürfnisse zu finden, zu schweigen, sich von anderen ausnutzen zu lassen oder ein Mensch zu werden, der es immer allen recht machen will. Vielmehr geht es darum, die Bedürfnisse anderer mitfühlend anzuerkennen und Anfragen (nicht Forderungen) zu stellen, um Ihre eigenen Bedürfnisse zu erfüllen. Schließlich verdienen Sie es, eine Stimme zu haben.

Zusammenfassung des Kapitels

- Persönliche Ermächtigung und die Entwicklung von Selbstachtung sind die notwendigen Voraussetzungen für die Entwicklung des Durchsetzungsvermögens.
- Setzen Sie sich ein starkes Ziel, eignen Sie sich Wissen an, arbeiten Sie an Ihren Fähigkeiten und Kompetenzen und arbeiten Sie weiter daran, Ihre Ziele zu erreichen. Dies wird Ihnen helfen, sich von innen heraus gestärkt zu fühlen.
- Glauben Sie an sich und Ihre Werte, verstehen Sie Ihre Bedürfnisse und Ihre Grenzen. Definieren Sie Ihre Erwartungen klar und eindeutig, die Sie anderen gegenüber haben, um sich positiv durchzusetzen und Ihre Selbstachtung zu entwickeln.
- Sie verdienen es, eine Stimme zu haben. Erkennen Sie die Bedürfnisse anderer mitfühlend und klar an und stellen Sie Anfragen (nicht Forderungen), um Ihre eigenen Bedürfnisse zu erfüllen.

Ich würde es begrüßen, wenn Sie die folgenden Fragen beantworten könnten, bevor wir uns mit der Entwicklung eines durchsetzungsfähigen Verhaltens befassen.

1. Sehen Sie sich selbst als gleichwertig mit anderen? Warum oder warum nicht?

2. Nennen Sie drei beliebige Situationen in Ihrem Leben, in denen Sie das Gefühl hatten, Sie hätten sich durchsetzen sollen, dies jedoch nicht taten.

3. In welchen Bereichen fühlen Sie sich nicht befugt, sich durchzusetzen? Wie können Sie sich in diesen Aspekten Ihres Lebens ermächtigt fühlen?

Im nächsten Kapitel werden Sie lernen:

- Warum Durchsetzungsvermögen eine erlernbare Fähigkeit ist

- Drei Schlüsselelemente für durchsetzungsstarkes Verhalten

- Die verschiedenen Kategorien des durchsetzungsfähigen Verhaltens

- Wie man selbstbewusst mit Kritik umgeht

- Wie Sie für sich selbst sprechen können

KAPITEL 4

Los geht's: Entwicklung des durchsetzungsfähigen Verhaltens

Jetzt wissen Sie, was Durchsetzungsvermögen ist und welche Qualitäten Sie benötigen, um ein durchsetzungsstarkes Verhalten in sich selbst zu entwickeln. Der eigentliche (und lustige) Teil beginnt jetzt - wie man durchsetzungsfähiges Verhalten entwickelt.

Durchsetzungsvermögen ist eine erlernte Fähigkeit

Durchsetzungsvermögen ist nicht nur ein Kommunikationsstil, sondern eine charakteristische Verhaltensweise, bei der man seine Gedanken, Gefühle, Überzeugungen und Meinungen offen ausdrückt, ohne die Rechte anderer zu verletzen.

Und jede Art von Verhalten kann durch konsequentes Üben erlernt werden. Die Praxis des durchsetzungsfähigen Verhaltens ist jedoch mit den folgenden Verhaltensregeln verbunden:

Was Sie bei durchsetzungsfähigem Verhalten tun sollten

1. Ihre Bedürfnisse klar und direkt zum Ausdruck bringen
2. Ihre Gedanken ausdrücken, ohne sich schuldig zu fühlen
3. Für das, was Sie glauben, einstehen, auch wenn andere vielleicht nicht zustimmen
4. Ihre Rechte kennen und wissen, wie Sie diese bekommen
5. Effektiv kommunizieren
6. Ihre Gefühle anderen mit Zuversicht vermitteln
7. Selbstständig und unabhängig sein
8. Beharren, bis Ihre Bedürfnisse erfüllt sind
9. Ein Problem analysieren und den Verantwortungsbereich festlegen, bevor Sie eine Maßnahme ergreifen

10. Jederzeit eine positive Einstellung haben
11. Stark sein, wenn andere schwach sind
12. Stolz auf Ihre Errungenschaften sein
13. Den Mut haben, zu träumen und die Fähigkeiten zu entwickeln, diese in die Realität umzusetzen

Was Sie bei durchsetzungsfähigem Verhalten nicht tun sollten

1. Um das Thema herum reden, bevor Sie Ihre Bedürfnisse äußern
2. Schuldgefühle oder Angst haben, Ihre Bedürfnisse zu äußern
3. Mit anderen übereinstimmen, egal wie Sie sich fühlen
4. Unkenntnis über Ihre Rechte haben
5. Ineffizient kommunizieren
6. Das erbitten/erbetteln, was Ihnen zusteht
7. Von anderen abhängig sein
8. Aufgeben, wenn Sie Probleme haben
9. Der Niederlage nachgeben
10. Sich leicht von anderen beeinflussen lassen
11. Sich unwohl fühlen bei Ihren Leistungen
12. Angst vor dem Träumen haben

Das Praktizieren von Durchsetzungsvermögen ist kein neues Konzept. Viele Menschen und Organisationen erreichen ihre Ziele seit Jahrzehnten mit der Hilfe von Durchsetzungsvermögen. Hier sind einige Beispiele von Personen, die durch Durchsetzungsvermögen "gewonnen" und ihre Ziele erreicht haben:

- Susan B. Anthony, deren Beharrlichkeit im langen Kampf um das Frauenwahlrecht 1919 den amerikanischen Frauen das Wahlrecht verschaffte.
- Mohandas K. Gandhis Entschlossenheit befreite Indien und inspirierte unterdrückte Menschen auf der ganzen Welt, seinen gewaltlosen Methoden nachzueifern, um Freiheit zu erlangen.

- Carol Mosely Braun, die die Politiker in Illinois wachrüttelte, als sie den "unbesiegbaren" Alan Dixon in der Vorwahl der Illinois-Demokraten für den US-Senat besiegte.

- Jane Bryne (ehemalige Bürgermeisterin von Chicago), die aufgrund ihres starken Durchsetzungsvermögens von ihrem Job im Rathaus gefeuert wurde, aber ein Jahr später zur Leiterin des Rathauses gewählt wurde.

- Patrick Henry, dessen durchsetzungsstarkes Zitat "Gib mir Freiheit oder gib mir den Tod" zum Schlachtruf der amerikanischen Revolution wurde.

- Jesse Jacksons positive Einstellung überwand Diskriminierung und Armut, um schließlich ein mächtiger nationaler Anführer zu werden.

- Jeanne d'Arc, deren mutige Durchsetzungskraft eine brachliegende französische Armee zum Sieg inspirierte.

Die Menschen, die sich als Macher, Beweger und Überflieger auszeichnen, sind durchsetzungsstarke Personen, auch wenn sich ihre spezifischen Stile unterscheiden.

Wir alle sind zwar mit einem angeborenen Temperament ausgestattet, um uns durchzusetzen. Aber wenn wir aufwachsen und uns sozialisieren, kann dies unsere angeborenen Tendenzen entweder verstärken oder sie einschränken. Die Reaktionen, die wir als Kinder von unserer Familie, von Gleichaltrigen, Kollegen und Autoritätspersonen erhalten, spielen eine wichtige Rolle bei der Gestaltung unserer angeborenen Tendenzen.

Wenn Ihre Familie zum Beispiel Konflikte durch Schreien oder Streiten bewältigt hat, werden Sie lernen, mit Konflikten auf dieselbe Weise umzugehen. Wenn Ihre Familie oder Gleichaltrige jedoch danach leben, die eigenen Gedanken auszudrücken und gleichzeitig die Gedanken anderer zu respektieren, werden Sie wahrscheinlich die gleichen Gewohnheiten entwickeln.

Wenn Sie als selbstbewusstes Individuum aufwachsen, neigen Sie dazu, emotional ausgeglichen zu sein und bessere gesundheitliche Ergebnisse zu erzielen. Durchsetzungsvermögen garantiert jedoch nicht, dass Sie IMMER das bekommen, was Sie wollen. Manchmal werden Sie es bekommen, manchmal nicht, und manchmal werden Sie sich auf eine Lösung einigen, die für beide Seiten zufriedenstellend ist.

Ich weiß, was Sie denken. Sie sind nicht als durchsetzungsfähige Person aufgewachsen. Die Menschen um Sie herum haben Sie immer gelehrt, die Bedürfnisse anderer vor Ihre eigenen zu stellen, erst anderen zu gefallen und dann sich selbst. Und jetzt fällt es Ihnen schwer, sich durchzusetzen. Machen Sie sich keine Sorgen! Wie ich schon sagte, ist Durchsetzungsvermögen eine Fähigkeit, die man in jeder Phase seines Lebens erlernen kann. Sogar jetzt! Schauen wir uns die Thematik also genauer an, um mehr darüber zu erfahren, wie man ein durchsetzungsfähiges Verhalten entwickeln kann.

Wir haben bereits den Unterschied zwischen passiven, aggressiven und durchsetzungsstarken Kommunikationsstilen erörtert. Nun wollen wir diese drei verschiedenen Stile detaillierter untersuchen.

Aggressives Verhalten, selbst wenn Sie im Recht sind, sendet folgende Botschaft an andere: "Was ich will, ist wichtiger als das, was Sie wollen." Sie stellen die Bedürfnisse anderer infrage, indem Sie diese, von außen betrachtet, nicht respektieren. Infolgedessen reagieren die Empfänger Ihrer Aggression mit Widerstand und entgegnen Ihnen mit oft mit Wut. Dies kann zu Konflikten, Streitigkeiten, Stress und sogar Hass in Beziehungen führen.

Passiv zu sein ist nicht besser. Es ist ein Lebensstil ohne das Wort "Nein", der dem Autofahren ohne Bremsen gleicht. Wenn Sie "nein" sagen, setzen Sie dem, was Sie akzeptieren und was Sie nicht akzeptieren, angemessene Grenzen. Ohne diese Grenzen wird Ihr Leben außer Kontrolle geraten und voller Stress, Wut und Ärger sein. Zur richtigen Zeit und aus dem richtigen Grund "nein" zu sagen, ist gesund, gerechtfertigt und gut. Genau darum geht es beim Durchsetzungsvermögen!

Durchsetzungsfähiges Verhalten ist der positive und kontrollierte Ausdruck Ihrer legitimen Bedürfnisse. Es handelt sich um eine gesunde Art und Weise zu kommunizieren, bei der Sie Ihre Selbstachtung aufrechterhalten und auch von anderen respektiert werden.

Das durchsetzungsfähige Verhalten bietet Ihnen eine gesunde Möglichkeit, etwas mit Würde zu verneinen. Durchsetzungsfähig zu sein, ermöglicht es Ihnen, das zu bekommen, was Sie brauchen, ohne andere zu verletzen. Dabei bildet es ein perfektes Gleichgewicht zwischen aggressivem und passivem Verhalten.

Durchsetzungsfähiges Verhalten versetzt Sie in die Lage, ein Leben in Frieden, Respekt und Zusammenarbeit zu führen. Eine durchsetzungsfähige Person setzt sich für sich selbst ein, aber in respektvoller und entschlossener Weise, wobei sie die Gefühle und Rechte anderer anerkennt.

"Ich-Aussagen" spiegeln typischerweise durchsetzungsstarkes Verhalten wider.

Zum Beispiel:

- Ich schaffe es nicht zur heutigen Sitzung.
- Ich würde es begrüßen, wenn Sie mir dabei helfen könnten.
- Ich bin wirklich nicht in der Stimmung, zur Party zu gehen.
- Es tut mir leid, ich habe Ihnen bereits die Konsequenzen erklärt, wenn Sie zu spät zur Arbeit kommen. Jetzt müssen Sie sich ihnen stellen.

Entgegen der allgemeinen Auffassung, ruft durchsetzungsstarkes Verhalten Respekt bei anderen Menschen hervor. Dies ist bei den anderen Kommunikationsstilen jedoch nicht der Fall.

Wenn Sie sich durchsetzungsfähig verhalten, wissen die Leute, dass "Sie meinen, was Sie sagen" und dass es sich dabei um keine

Übertreibung und auch nicht um eine Ausrede handelt. Ihr "Ja" bedeutet "ja" und Ihr "Nein" bedeutet "nein". Eine solche klare Kommunikation ist für alle Beteiligten vorteilhaft. Sie verschafft Vertrauen und fördert die Zusammenarbeit.

Die Menschen fühlen sich wohler mit denen, die transparent und offen über ihre Gedanken und Gefühle sprechen. Zu einem durchsetzungsstarken Kommunikationsstil gehört, wie Sie denken, sprechen und wie Sie sich verhalten.

Durchsetzungsfähiges Verhalten reduziert auch Ihren Stresspegel. Passivität hingegen ist gleichbedeutend mit dem Gefühl der Ohnmacht und Überforderung.

Aggressivität stößt häufig auf Widerstand und Gegenangriffe. Diese sind extrem belastend.

Im Gegensatz dazu geht ein durchsetzungsstarkes Individuum ausgewogen, ruhig und entschlossen vor, um das zu bekommen, was es braucht. Sich für den durchsetzungsstarken Kommunikationsstil zu entscheiden, stellt den am wenigsten belastenden Weg dar.

Lassen Sie uns das Durchsetzungsvermögen mithilfe einer wahren Geschichte verstehen.

Julie schätzt es, wenn ihr Mann Jack sich weigert, ihr bei der Hausarbeit zu helfen. Sie weiß, wann er etwas nicht tun kann oder nicht tun will. Außerdem weiß sie, dass er, wenn er "ja" zu etwas sagt, es ernst meint und es auch durchziehen wird.

Jacks selbstbewusstes Verhalten gegenüber Julie ist ein Zeichen von Respekt und Ehrlichkeit. Wenn Julie in einer Angelegenheit nicht mit Jack übereinstimmt, weiß sie, dass sie ihm respektvoll widersprechen kann. So können sie ihre Probleme gemeinsam bearbeiten und zu einer einvernehmlichen Lösung gelangen.

Die drei Elemente des durchsetzungsfähigen Verhaltens

Die drei Elemente des durchsetzungsfähigen Verhaltens können mit einem dreibeinigen Stuhl verglichen werden. Sie können auf einem dreibeinigen Stuhl sitzen, ohne sich Sorgen zu machen, dass Sie umfallen könnten. Auf einem Stuhl mit zwei Beinen fallen Sie jedoch sehr wohl um. Durchsetzungsfähiges Verhalten wird auch als dreibeiniges Verhalten charakterisiert.

Die drei grundlegenden Komponenten des durchsetzungsfähigen Verhaltens sind:

1. **Wissen Sie, was Sie wollen.** Machen Sie sich klar, was Sie wollen.
2. **Sagen Sie, was Sie wollen.** Teilen Sie anderen Ihre Absichten, Bedürfnisse und Wünsche klar mit, ohne eine vage oder verwirrende Sprache zu verwenden.
3. **Holen Sie sich, was Sie wollen.** Mit respektvollen, entschlossenen und kontrollierten Kommunikationsmitteln erhöhen Sie die Wahrscheinlichkeit, Ihre begründeten und legitimen Ziele zu erreichen.

Kategorien von durchsetzungsfähigem Verhalten

Noch bevor Sie den Mund aufmachen, sagt Ihre Körpersprache viel über Sie aus. Sie verkündet anderen, ob Sie sich Ihrer selbst sicher sind oder nicht.

Eine Körpersprache, die Selbstvertrauen zeigt:

- Aufrechtes Stehen und Augenkontakt beim Sprechen mit anderen
- Sitzen in einer entspannten, aber professionellen Art und Weise
- Die Initiative ergreifen, um andere bei einem Treffen zu begrüßen und das Gespräch zu eröffnen

- Sich selbstbewusst neben die mächtigste Person im Raum setzen
- Nicht auf die Erlaubnis warten sprechen zu dürfen, wenn Sie das Wort ergreifen wollen
- Organisiert bei der Arbeit sein und die nötigen Informationen parat haben
- Angemessene Kleidung tragen
- Höflich und angenehm bei Diskussionen sein

Eine Körpersprache, die einen Mangel an Selbstvertrauen zeigt:

- Zusammengesackte Haltung während des Stehens
- Angst haben, Menschen anzusehen, wenn Sie mit ihnen sprechen
- Steif sitzen, zu gehemmt sein, um sich zu bewegen
- Angst haben, die Initiative zu ergreifen, Menschen zu begrüßen und darauf warten, dass andere die Erlaubnis geben, "Hallo" zu sagen
- Unauffälliges/unscheinbares Sitzen
- Angst haben, das Wort zu ergreifen, bevor man angesprochen wird und eine ausdrückliche Erlaubnis bekommt zu sprechen
- Selten Informationen oder Materialien zu Meetings mitnehmen
- Unter- oder übertriebene Kleidung für bestimmte Anlässe, wie ein Picknick oder eine Party
- Unangenehm, streitlustig oder unhöflich werden, wenn man einen Standpunkt äußert

Eine durchsetzungsfähige Person kommuniziert mit Selbstvertrauen, sowohl in der Körpersprache als auch verbal. Es gibt drei Kategorien von durchsetzungsfähigem Verhalten:

Durchsetzungsfähige Ablehnung bedeutet, zum richtigen Zeitpunkt und auf die richtige Art und Weise "nein" zu sagen.

„Nein" zu sagen, hilft Ihnen, gesunde Grenzen zu setzen und er-möglicht es anderen, zu erfahren, was diese von Ihnen erwarten können. Durchsetzungsfähige Ablehnung führt dazu, dass Sie sich ermächtigt fühlen. Zudem pflegt sie starke Beziehungen.

Eine nützliche Strategie, mit der Sie mühelos "nein" sagen kön-nen, besteht darin, Klarheit darüber zu gewinnen, zu welchen Din-gen Sie "ja" sagen möchten. Notieren Sie Ihre drei wichtigsten Prioritäten (die sich mit der Zeit ändern können) in einem Tage-buch oder Notizblock und halten Sie es immer griffbereit. Wenn Sie jemand etwas fragt, prüfen Sie, ob es Ihren Prioritäten ent-spricht. Wenn ja, können Sie die Anfrage gerne positiv beantwor-ten. Wenn es nicht mit Ihren Zielen übereinstimmt, sagen Sie "nein".

Befolgen Sie diese Schritte, um auf die richtige Art und Weise "nein" zu sagen:

- Geben Sie Ihren Standpunkt an, z. B. wenn Sie eine Auf-gabe nicht übernehmen können: "Nein, ich kann nicht."
- Erklären Sie Ihren Grund: Nennen Sie einen triftigen Grund dafür, warum Sie die Aufgabe nicht übernehmen können, z. B. wenn Sie mit anderen wichtigen Themen be-schäftigt sind.
- Bringen Sie Ihr Verständnis für die andere Person zum Ausdruck.

Wenn Sie auf die Anfrage eines anderen keine sofortige Ant-wort parat haben, bitten Sie denjenigen, Ihnen eine gewisse Be-denkzeit zu geben und eine Frist zu setzen, innerhalb derer Sie antworten werden. So bleiben Sie verantwortlich und stellen si-cher, dass Sie die Beziehung und sich selbst wertschätzen, indem Sie in der gewünschten Zeitspanne eine konkrete Antwort geben.

Sich **durchsetzungsfähig auszudrücken** bedeutet, den Menschen zu sagen, wie Sie sich fühlen. Ihre Gefühle auszudrü-cken ist ein wesentlicher Bestandteil einer wirksamen Kommuni-kation.

Zehn Situationen, in denen Sie sich ausdrücken müssen:

- Wenn Sie jemanden lieben
- Wenn Sie starke Emotionen für etwas haben
- Wenn Sie etwas stört
- Wenn Sie das Gefühl haben, dass Sie etwas nicht schaffen, sprechen Sie es aus und bitten Sie um Hilfe.
- Wenn Sie mit jemandem nicht einverstanden sind
- Wenn Sie in einer Situation nicht glücklich sind
- Wenn jemand etwas Großartiges für Sie getan hat
- Wenn Sie eine Frage haben, fragen Sie immer.
- Wenn Sie eine Antwort haben, antworten Sie immer.
- Wenn Sie gute Nachrichten haben, teilen Sie diese immer mit.

Zweifellos müssen Sie sowohl Ihre positiven als auch Ihre negativen Gefühle ausdrücken. Negative Gefühle müssen jedoch mit Vorsicht ausgedrückt werden. Sie selbst müssen die Verantwortung für diese Gefühle übernehmen, anstatt anderen die Schuld zu geben.

Wenn Ihr Freund zum Beispiel zu spät zum Abendessen kommt, könnten Sie sagen: "Du hast mich verärgert, weil Du so spät zum Abendessen gekommen bist". Ihr Freund ist vielleicht zu spät gekommen, aber er ist nicht für Ihre Reaktion verantwortlich. In Wirklichkeit sind Ihre Gefühle das Ergebnis Ihrer eigenen Erwartungen und Hoffnungen. Wenn Sie diese so ausdrücken, dass Sie anderen die Schuld geben, ist es wahrscheinlicher, dass Sie auf eine defensive Reaktion stoßen. Es kann sein, dass die andere Person Ihre Gefühle nicht versteht und das Problem dann ungelöst bleibt.

Wenn ich an Ihrer Stelle wäre, würde ich meine Gefühle so ausdrücken: "Ich war so wütend, als Du zu spät zum Abendessen kamst, weil ich gehofft hatte, eine schöne Zeit mit Dir zu verbringen."

Sehen Sie den Unterschied? Ich habe die Verantwortung für meine eigenen Gefühle übernommen. Wenn Sie Ihre Gefühle klar und deutlich, jedoch ohne Schuldzuweisung ausdrücken, und dabei erklären, warum Sie sich so fühlen, ermöglicht es der anderen Person, Ihre Gefühle zu verstehen und anzuerkennen.

Durchsetzungsfähig anzufragen bedeutet, die notwendigen Informationen zu erhalten, sie zu klären und nach dem zu fragen, was Sie wollen. Wenn Ihnen die Fähigkeit fehlt, durchsetzungsfähige Anfragen zu stellen, machen Sie sich und anderen das Leben unnötig schwer. Sie verpassen vielleicht Gelegenheiten, brauchen länger, um Dinge zu erledigen oder machen sie unnötig komplizierter.

Wenn Sie hingegen lernen, Anfragen selbstbewusst zu stellen, respektieren Sie sowohl sich selbst als auch andere. Wenn Sie offen und direkt fragen, was Sie brauchen, sagen Sie: "Ich habe einen Wert" und "Ich schätze Ihre Hilfe". Im Wesentlichen ist es also ein Kompliment an die andere Person.

Was hindert Sie daran, durchsetzungsfähige Anfragen zu stellen?

Prüfen Sie, ob eine dieser Aussagen auf Sie zutrifft:

- Wenn jemand meine Bitte ablehnt, bedeutet das, dass er mich nicht mag und/oder nicht respektiert.
- Wenn ich Menschen um Hilfe bitte, bin ich ihnen gegenüber verpflichtet.
- Um Hilfe zu bitten, bedeutet, dass ich schwach bin ODER andere Menschen mich als schwach ansehen.
- Es ist besser, es selbst zu tun, als eine Ablehnung zu riskieren.
- Ich werde andere Menschen stören oder verärgern, wenn ich um Hilfe bitte.
- Ich möchte anderen Menschen nicht zur Last fallen/zu ihrem Stress/ihrer Arbeitsbelastung beitragen.
- Ich verdiene es nicht, um Hilfe zu bitten.

- Ich sollte nicht darum bitten müssen; die Menschen sollten wissen, dass ich Hilfe brauche.
- Andere Menschen helfen mir nur dann, wenn ich mich erfreut darüber zeige.
- Die Menschen sollten mir helfen, da ich wichtiger oder gestresster bin als sie.

Diese Meinungen machen es schwer, um Hilfe zu bitten. Und selbst wenn Sie es tun, werden Sie wahrscheinlich auf Widerstand stoßen. Sie dürfen jedoch nicht vergessen, dass diese Meinungen vielleicht nur Ihre persönlichen Gefühle sind. Nur weil Sie sich so fühlen, muss das noch lange nicht der Wahrheit entsprechen.

Wenn Sie um Hilfe bitten, können Sie außerdem schneller, reibungsloser oder leichter etwas erreichen. Sie könnten einen besseren Job bekommen, etwas Neues erlernen, Ihre Erfahrungen teilen oder jemanden besser kennenlernen. Dies wird Ihnen helfen, bessere Beziehungen aufzubauen und den Menschen zu zeigen, wer Sie wirklich sind (Ihre Authentizität).

Hier sehen Sie eine einfache Vorgehensweise für eine durchsetzungsfähige Anfrage:

Fragen Sie die Person direkt. Sprechen Sie sie namentlich an und nennen Sie den Grund, warum Sie Hilfe benötigen. Geben Sie eine klare, kurze Nachricht darüber, was Sie von ihr benötigen. Achten Sie darauf, ruhig zu bleiben, Augenkontakt zu halten und aufrichtig zu sprechen. Vermeiden Sie Schmeicheleien, um die Person von der Hilfe zu überzeugen.

Bereiten Sie sich darauf vor, ein Gespräch zu führen, bis Sie beide zufriedengestellt sind. Die andere Person hat auch das Recht, "nein" zu sagen, um Aufklärung zu bitten, zu verhandeln oder Sie über die Probleme zu informieren, die durch Ihre Anfrage verursacht werden könnten. Seien Sie darauf vorbereitet.

Wenn wir Anfragen selbstbewusst stellen, ersparen wir es uns, andere zu manipulieren oder uns wichtig zu machen und Hilfe zu verlangen. Es stärkt auch unser Selbstvertrauen und unser Selbstwertgefühl. Denken Sie jedoch daran, die Antworten der Person auf Ihre Anfragen nicht persönlich zu nehmen.

Tipps für mehr Durchsetzungsvermögen

- AUGENKONTAKT - Schauen Sie die Person an, mit der Sie die meiste Zeit sprechen, aber starren Sie sie nicht durchgehend an.
- KÖRPERHALTUNG - Stehen oder sitzen Sie der Person gegenüber, aber vermeiden Sie es, übermäßig steif zu sein.
- DISTANZ/KÖRPERKONTAKT - Wenn Sie den Atem der anderen Person spüren, sind Sie wahrscheinlich zu nah. Halten Sie einen angenehmen Abstand zu ihr.
- GESTIK - Verwenden Sie Handgesten, um Ihre Worte zu ergänzen, aber denken Sie daran, dass Sie kein Orchester dirigieren.
- GESICHTSAUSDRUCK - Achten Sie darauf, dass Ihr Gesichtsausdruck mit Ihren Emotionen und dem, was Sie sagen, übereinstimmt. Lachen Sie zum Beispiel nicht, wenn Sie verärgert sind oder runzeln Sie nicht die Stirn, wenn Sie glücklich sind.
- STIMMTON, TONFALL, LAUTSTÄRKE - Um sicherzustellen, dass Ihre durchsetzungsfähige Botschaft gehört wird, achten Sie auf den Ton Ihrer Stimme, den Tonfall Ihrer Stimme (Betonung auf Silben) und die Lautstärke.
- REDEFLUSS - Es ist wichtig, fließend zu sprechen und die Worte effizient auszusprechen.
- TIMING - Das Timing ist wichtig, besonders wenn Sie Ihre negativen Gefühle ausdrücken oder eine Anfrage an jemanden richten. Es ist vielleicht nicht der richtige Zeitpunkt, dies einige Tage später oder direkt vor anderen Leuten zu tun. Tun Sie es, sobald es für beide Parteien Zeit gibt, ihre Probleme alleine zu lösen.

- ZUHÖREN - Dies ist ein wichtiger, aber oft vernachlässigter Teil des Durchsetzungsvermögens. Wenn Sie Ihre Gefühle ausdrücken, ohne die Rechte anderer zu verletzen, müssen Sie auch der anderen Person die Möglichkeit geben, zu antworten.

- INHALT - Je nachdem, welchen Zweck Sie mit Ihrem selbstbewussten Verhalten erreichen wollen, wird der Inhalt Ihrer Botschaft unterschiedlich sein.

Wie Sie mit Kritik selbstbewusst umgehen

Es gibt drei Möglichkeiten, Ihnen zu helfen, mit Kritik umzugehen und eine Entscheidung darüber zu treffen, welches Verhalten Sie gegebenenfalls ändern sollten. Denken Sie daran, dass die Leute Ihr Verhalten, also was Sie sagen und tun, kritisieren, und nicht, wer Sie sind.

Die drei Möglichkeiten, mit Kritik selbstbewusst umzugehen, sind:

1. Stimmen Sie zu, wenn es der Wahrheit entspricht. Es ist immer möglich, dass das, was andere über Sie sagen, etwas Wahres enthält. Wenn zum Beispiel jemand sagt: "Sie denken immer zu viel über Kleinigkeiten nach", dann geben Sie es zu und sagen Sie: "Ja, manchmal neige ich dazu, bei Kleinigkeiten zu viel nachzudenken."

2. Wenn Sie einen Fehler gemacht haben, akzeptieren Sie ihn. Es wird lediglich etwas über den Fehler gesagt und nichts über Sie selbst als Person. Zum Beispiel sagt Ihr Chef: "Was ist los mit Ihnen, die Datei sollte im PDF-Format vorliegen." Geben Sie Ihren Fehler zu und versprechen, ihn so schnell wie möglich zu korrigieren.

3. Wenn jemand Sie unnötig kritisiert, fragen Sie, was genau ihn/sie stört. Zum Beispiel, jemand kritisiert Ihre Entscheidung über eine späte Heirat. Sie stimmen zu, dass die Ehe in einem bestimmten Alter geschlossen werden soll,

aber die Person macht weiterhin eine große Sache daraus. Fragen Sie an dieser Stelle, was genau ihn/sie beunruhigt.

Wenn Sie eine der drei oben genannten Techniken für den selbstbewussten Umgang mit Kritik anwenden, helfen Sie sich selbst, eine unangenehme Situation zu meistern, ohne sich schuldig oder dumm zu fühlen. Wenn Sie wissen, dass Sie mit Kritik umgehen können, ohne zu schreien oder zu schimpfen, können Sie der Person näher kommen, die Sie sein wollen.

Sprechen Sie für sich selbst

Ist Ihnen klar, dass Sie ein einzigartiger, individueller Mensch sind? Deshalb sollten Sie lernen, wie Sie sich in Ihrer eigenen Haut wohlfühlen und in welchem Stil Sie sich durchsetzen. Einige Menschen sprechen laut und enthusiastisch, aber die Leute hören sie deutlich. Manche wiederum sprechen leiser und weniger, werden jedoch ebenso deutlich gehört.

Ändern Sie also Ihren Stil nicht. Das Geheimnis liegt darin, genau das in Worte zu fassen, was Sie wollen oder brauchen. Wie können Sie also andere dazu bringen, Ihnen zuzuhören?

- Schauen Sie dem Gesprächspartner in die Augen. Wenn Sie klein sind oder einen Rollstuhl benutzen, lenken Sie die Aufmerksamkeit auf sich, indem Sie die Person direkt ansprechen. Wenn die andere Person nicht bereit zu sein scheint, Sie anzusehen, finden Sie eine kluge, aber höfliche Art und Weise, um zu sagen: "Ich bin hier!"
- Sprechen Sie klar und deutlich. Wenn Sie eine Sprachbehinderung haben, beruhigen Sie Ihre Ängste. Entspannen Sie die Körpermuskulatur, atmen Sie tief ein und langsam aus. Sprechen Sie langsam und so deutlich, wie Sie können. Sie können sich ein beruhigendes Bild, etwa einen Gebirgsbach vorstellen, das Ihnen hilft, den Körper zu entspannen. Wenn Sie ruhig sind, wird sich auch die andere Person entspannen und sich darauf konzentrieren, was Sie sagen.

- Seien Sie zuvorkommend und höflich, aber nicht unterwürfig.
- Wenn die andere Person alle um Sie herum anspricht, nur nicht Sie, sagen Sie ihr freundlich und bestimmt, dass Sie direkt angesprochen werden möchten.
- Überlegen Sie sich, was Sie sagen und wie Sie es sagen wollen, bevor Sie mit dem Sprechen beginnen.

Selbsteinschätzung: Welcher Stil ist Ihrer?

Wenn Durchsetzungsvermögen nicht Ihr Stil ist, welcher ist es dann? Wählen Sie aus den folgenden Optionen:

- Der **nette Kerl**, der sich nicht traut, etwas zu sagen oder zu tun, was andere verletzen könnte.
- Der **Jammerlappen**, der ständig jammert und sich darüber beschwert, was er braucht, jedoch nicht bekommt oder wie andere ihn behandeln, wenn er um etwas bittet, oder wie schlecht alles ist, aber nie etwas dagegen tut.
- Der **Anhängliche**, der von anderen erwartet, dass sie für seine Rechte eintreten und in seinem Namen intervenieren.
- Das **schweigende Opfer**, das schmollt und glaubt, dass es nichts an seinem Leben ändern kann.
- Die **Märchenprinzessin**, die erwartet, dass alles ohne jegliche Anstrengung ihrerseits geschieht.
- Der **Wartende**, jemand, der auf ein Wunder wartet. Er wartet, wartet und wartet, dass jemand anderes etwas tut.
- Die **Bombe**, die sporadisch wütende Raketen abfeuert.
- Die **ängstliche Katze**, die befürchtet, dass andere auf sie losgehen, wenn sie sich die Mühe macht, etwas zu tun.
- Der **Beschwichtiger**, der sich damit abfindet, seine Bedürfnisse kleinreden zu lassen.

Wie sehen Sie sich selbst, wenn andere Sie kritisieren?

Welche Erwartungen haben Sie, wenn Sie jemanden um Hilfe bitten?

Schreiben Sie Ihre Antworten auf diese Fragen auf, bevor Sie im nächsten Kapitel mehr über Durchsetzungsvermögen erfahren.

Zusammenfassung des Kapitels

- Durchsetzungsvermögen ist eine Art von Verhaltens- und Kommunikationsfähigkeit, die erlernt und geübt werden kann, um das zu erreichen, was man sich im Leben wünscht.
- Die drei Geheimnisse, um durchsetzungsfähiges Verhalten zu erlangen, sind: Wissen, was man will; sagen, was man will; und bekommen, was man will.
- Ihre Körpersprache sagt viel über Sie und Ihr Selbstvertrauen aus, noch bevor Sie den Mund aufmachen. Stellen Sie sicher, dass Sie mit Ihrer Körpersprache Selbstvertrauen und Durchsetzungsvermögen vermitteln.
- Ihre Gefühle, Gedanken und Meinungen - sowohl positive als auch negative - auszudrücken, respektvoll "nein" zu bestimmten Anfragen zu sagen und bei Bedarf um Hilfe zu bitten, sind die wesentlichen Elemente eines selbstbewussten Verhaltens.
- Im nächsten Kapitel werden Sie lernen:
- Warum es schwer ist, "nein" zu anderen zu sagen
- Wie man in Alltagssituationen und bei der Arbeit besser "nein" sagen kann
- Die richtige Art, "nein" zu sagen

KAPITEL 5

Die Kunst, "nein" zu sagen

Ein wichtiger Aspekt des durchsetzungsfähigen Verhaltens ist die Fähigkeit, zur richtigen Zeit und auf die richtige Weise "nein" zu sagen. Sie kennen die Vorteile, die das durchsetzungsfähige Verhalten für Sie als Person und in Ihren Beziehungen bringt. Aber wird es dadurch einfacher, dass Sie über die Vorteile Bescheid wissen?

Sie können diese Frage nicht bejahen, oder?

Wieso? Warum ist es so schwer, "nein" zu sagen?

Jennie war noch nicht ganz bereit, zu heiraten. Sie wusste, dass ihr Alter völlig angemessen war, um den Bund der Ehe einzugehen, aber sie wollte sich auf ihre Karriere konzentrieren und ein Jahr später über eine Heirat nachdenken. Ihre Eltern brachten das Thema fast täglich zur Sprache: "Du bist jetzt vierunddreißig", sagten sie. "Wenn du zögerst, wirst du keine gute Partie finden. Du wirst dein ganzes Leben allein verbringen müssen. Warum denkst du also nicht darüber nach, jetzt zu heiraten?" Jennie wusste, dass ihre Eltern wahrscheinlich recht hatten. Doch irgendwo in ihrem Inneren war sie in diesem Moment nicht ganz von der Idee der Ehe überzeugt. Und sie wusste nicht, wie sie das ihren Eltern sagen sollte.

Susans Freunde gingen in einen teuren Club. Sie konnte sich eine Trinknacht nicht wirklich leisten. Sie wollte sich auch nicht betrinken, wusste aber, dass der Abend wahrscheinlich so enden würde. Aber sie konnte einfach keinen Weg finden, wie sie aus dieser Situation hätte herauskommen können, ohne ihre Freunde zu verärgern.

Susie hatte sich vor kurzem von ihrem Mann scheiden lassen. Ihre Eltern und Freunde setzten sie unter Druck, sich auf einer Ehe-Webseite anzumelden. Aber Susie zögerte, sich anzumelden. Ihr Problem war nicht, ob irgendein Typ an ihr interessiert wäre oder nicht, sondern was wäre, wenn sie nicht an ihnen interessiert war? Sie konnte niemanden höflich abweisen. Sie konnte die Gefühle anderer Menschen nicht verletzen. Es fiel ihr schwer, "nein" zu jemandem zu sagen.

Kommt Ihnen eine dieser Situationen bekannt vor?

Viele erfolgreiche Männer betrachten ein "Nein" als wichtigen Teil einer erfolgreichen Lebensstrategie. Zum Beispiel:

Steve Jobs: *"Wenn man sich auf etwas konzentrieren will, muss man "nein" sagen können."*

Warren Buffett: *"Wir müssen das langsame Ja und das schnelle Nein lernen."*

Tony Blair: *"Die Kunst einer Führungskraft besteht darin, "nein" zu sagen, nicht darin, "ja" zu sagen. Es ist sehr einfach, "ja" zu sagen."*

Trotz dieser berühmten Zitate von erfolgreichen Männern ist es für uns nicht leicht, die Kunst des Nein-Sagens zu beherrschen. Warum?

Hier sind die Gründe:

Angst vor Konflikten

Die meisten von uns haben Angst vor Konflikten. Wir mögen es nicht, wenn andere wütend auf uns werden oder uns kritisch gegenüberstehen. Deshalb sagen wir nicht "nein", damit wir nicht mit jemand anderem in Konflikt geraten. Jemand anderes kann unser Partner, ein Kollege, ein Freund oder der Chef sein.

Viele Eltern wollen Auseinandersetzungen mit ihren Kindern vermeiden und daher alle ihre Forderungen erfüllen, auch wenn sie wissen, dass sie es nicht tun sollten. Sie haben das Gefühl, dass ihre Kinder aufhören werden, sie zu lieben, wenn sie "nein" zu ihnen sagen.

Diese Angst vor Konflikten wird uns jedoch schon als Kind beigebracht. Wir werden immer belehrt und es wird von uns erwartet, dass wir das tun, was uns Eltern, Lehrer und andere Menschen, die sich in einer Machtposition befinden, sagen. Sie zeigen uns die Angst vor Bestrafungen oder vor dem Verlust ihrer Liebe, wenn wir nicht gehorchen. Und diese Angst vor Konflikten wird von uns bis ins Erwachsenenalter getragen.

Der Wunsch, uns anzupassen und von unseren Altersgenossen gemocht zu werden, hindert uns ebenfalls daran "nein" zu sagen. Untersuchungen zeigen, dass Männer und Frauen ein enormes Bedürfnis haben, zu einer Bezugsgruppe zu gehören. Wir wollen von unseren Freunden oder den Menschen, mit denen wir befreundet sein wollen, akzeptiert werden und deshalb schweigen wir lieber.

Wir wollen niemanden enttäuschen oder verletzen

Manchmal tun wir Dinge, durch die sich andere besser fühlen, auch wenn es nicht das ist, was wir tun wollen. Aber können Sie Kompromisse für Ihre eigenen Bedürfnisse finden, nur um andere zum Lächeln zu bringen? Stellen Sie sich vor, Sie müssen am nächsten Tag ein dringendes Projekt einreichen, aber Sie können nicht "nein" sagen zur Einladung zu einer Party Ihres Verwandten, weil Sie ihn nicht enttäuschen wollen.

Scheint politisch nicht korrekt zu sein

Für manche ist die Idee, die Bitte eines anderen abzulehnen, politisch nicht korrekt, da sie einen Menschen als egoistisch und unbekümmert erscheinen lässt.

Schwieriger für Frauen

Frauen fällt es oft schwer, "nein" zu Männern zu sagen, weil sie miteinander auskommen, nett sein und ihre Gefühle nicht verletzen wollen.

Es ist ein Zeichen von Schwäche

"Nein" zu sagen wird von einigen Menschen als ein Zeichen von Schwäche empfunden, entweder in ihrem eigenen Kopf oder für jene, für die sie arbeiten.

Die Leute erwarten nicht, dass Sie "nein" sagen

Wenn jemand Sie um etwas bittet, geht er bereits davon aus, dass Sie "ja" sagen werden. Er hat also bereits einen psychologischen Vorteil gegenüber Ihnen, und Sie wollen seine Erwartungen nicht enttäuschen.

Nehmen wir zum Beispiel an, Ihre Mutter bittet Sie, das Abendessen zu kochen, bevor Sie zur Party eines Freundes gehen. Sie weiß, dass Sie sich verspäten, aber sie hat die Bitte geäußert, weil sie sich an diesem Tag nicht wohlfühlt. Das scheint in Ordnung zu sein! Das Problem tritt jedoch auf, wenn Ihre Mutter Sie jedes Mal bittet das Abendessen zu kochen, wenn Sie sich um andere wichtige Dinge kümmern müssen, auch wenn sie sich wohlfühlt.

Wie andere Sie wahrnehmen werden, wenn Sie "nein" sagen

Sie haben Angst, dass Sie, wenn Sie "nein" sagen, als jemand gesehen werden, mit dem es schwierig ist, auszukommen oder als jemand, der mit anderen nicht zurechtkommt.

Nun, Ihre Interessen und die Interessen derer, mit denen Sie zusammenarbeiten, könnten sich radikal unterscheiden. Aber Sie geben den anderen Interessen nach und gehen einen Kompromiss mit Ihren eigenen Werten ein, damit die Leute nicht schlecht von Ihnen denken.

"Ja" zu sagen ist für Sie selbstverständlich

Vielleicht sind Sie einfach ein "Ja"-Typ. Das bedeutet, dass es mit Ihren Werten übereinstimmt. Sie stimmen nicht mit Ihrem Chef überein, nur weil er oder sie Ihr Chef ist. Vielmehr ist es in Ihrer Persönlichkeit von Natur aus eingebettet, "ja" zu sagen.

Sie möchten so hilfreich wie möglich sein, wann immer Sie können. Sie neigen dazu, andere Menschen, deren Bedürfnisse und deren Zeit als wertvoller zu betrachten als sich selbst. Und deshalb ist es egal, um welches Anliegen es sich handelt. Sie sagen einfach lieber "ja" zu allem.

Obwohl es eine nette Lebenseinstellung zu sein scheint, kann sie einen Menschen zermürben, wenn er es auf die Spitze treibt. Es ist immer gut, einen ausgewogenen Ansatz zu wählen und auch seine Zeit und Energie zu sparen. Nur dann können Sie anderen auf die Art und Weise und in dem Ausmaß helfen, wie Sie es wollen.

"Ja" zu sagen ist positiver als "nein" zu sagen

Die Welt von heute wird immer negativer. Um Positivität in Ihrem Leben zu haben, müssen Sie diese in Ihr Leben ziehen. Deshalb müssen Sie sich bemühen, "nein" zu den Dingen zu sagen, zu denen Sie sich nicht verpflichten wollen.

Alle anderen sagen "ja"

Was bedeutet das? Angenommen, Sie sind auf einer Party im Büro und alle genießen alkoholische Getränke, nur Sie nicht. Denn das widerspricht Ihren Werten. Sie trinken überhaupt keinen Alkohol. Um jedoch zu vermeiden, dass Sie nicht zu Ihren Kollegen passen, nehmen Sie keine Rücksicht auf Ihre eigenen Werte. Sie trauen sich nicht, "nein" zu sagen.

Unfähigkeit, das Ausmaß der Verpflichtung zu erkennen

Angenommen, Sie nehmen immer wieder Projekte in Ihrem Büro an. Sie haben zu keinem einzigen davon "nein" gesagt, weil

Sie glauben, dass Sie sie alle bis zum Wochenende abschließen werden. Das passiert, weil anfangs alles super einfach zu sein scheint, aber wenn Sie sich tatsächlich hinsetzen, um daran zu arbeiten, gestaltet sich alles weitaus komplizierter.

Einen Gefallen erwidern

Immer wenn Ihnen jemand einen Gefallen tut, fühlen Sie sich verpflichtet, ihn in irgendeiner Form zu erwidern. Das liegt an der menschlichen Psychologie und der Kraft der Gegenseitigkeit. Um einen Gefallen zu bitten oder ihn zu erwidern, ist nicht falsch. Aber Sie müssen darüber nachdenken, wie Sie ihn erwidern wollen. Sie sollten nichts tun, was über Ihre Möglichkeiten oder die Zeit, die Sie dafür aufwenden wollen, hinausgeht.

Ihren Wert beweisen

Menschen mit geringem Selbstwertgefühl oder Unsicherheit am Arbeitsplatz sind in der Regel eher dazu geneigt, "ja" zu sagen, um ihren Wert zu beweisen.

Daher müssen Sie nachdenken, bevor Sie eine Anfrage annehmen, und zwar jedes Mal.

Man darf jedoch nicht vergessen, dass diese angegebenen Gründe keine Tatsachen darstellen. Es sind nur die Gedanken oder Meinungen, die Ihnen beigebracht wurden und mit denen Sie aufgewachsen sind. Jede dieser Begründungen kann durch eine starke und echte Meinung und durch ein "Nein" ersetzt werden.

Was passiert wirklich, wenn man "nein" sagt?

Ersetzen Sie Ihre alten Gedanken und Meinungen über das Nein-Sagen durch diese:

- Andere haben das Recht zu fragen, und ich habe das Recht zu verweigern. Haben Sie keine Angst, dass sich andere Leute aufregen, wenn Sie deren Bitte ablehnen.
- "Nein" zu sagen bedeutet, den Antrag abzulehnen, nicht die Person abzuweisen.

- Wenn ich zu einer Sache "ja" sage, dann sage ich eigentlich "nein" zu etwas anderem. Ich habe immer die Wahl.

- Probleme entstehen, weil ich die Schwierigkeiten überschätze, die die andere Person damit haben wird, meine Ablehnung zu akzeptieren. Aber wenn ich meine Gefühle offen und ehrlich zum Ausdruck bringe, wird sich der andere ebenfalls befreit fühlen, seine eigenen Gefühle auszudrücken.

- Wenn Sie zu einer Anfrage einer Person "nein" sagen, bedeutet das nicht, dass sie keine weiteren Anträge stellen darf.

Wie Sie besser "nein" sagen können

Sobald Sie die persönlichen Gründe identifiziert haben, die Sie davon abhalten, "nein" zu sagen, ist es an der Zeit, folgende Techniken einzusetzen:

- Üben Sie in kleinen oder unwichtigen Situationen "nein" zu sagen, z. B. wenn Sie beim Einkaufen etwas Bestimmtes nicht kaufen.

- Halten Sie eine Minute inne und atmen Sie durch, bevor Sie "ja" sagen. Das gibt Ihnen ein wenig Zeit, um Ihre eigenen Bedürfnisse zu beurteilen und entsprechend zu reagieren.

- Lassen Sie sich von anderen beraten, wenn Sie eine Unterstützung für Ihren eigenen Standpunkt benötigen. Ich werde gleich mehr dazu sagen.

- Fallen Sie nicht auf "alle anderen" rein. Es ist fast überall so, dass "alle anderen" das Gleiche machen, oder ebenfalls möchten, dass Sie das tun, wonach Sie gefragt werden.

- Nehmen Sie sich eine Minute Zeit und fragen Sie sich, ob Sie Schuldgefühle, Angst, Enttäuschung oder andere Emotionen verspüren, wenn Sie nicht das tun, was von Ihnen verlangt wird. Können Sie das tolerieren? Sollten Sie die Anfrage lieber akzeptieren als diese Emotionen zu empfinden?

- Bewerten Sie das Ergebnis. Wie schlimm wird es ausfallen? Lohnt es sich, nachzugeben oder nicht?

Um die Kunst des Nein-Sagens zu erlernen, denken Sie daran, dass Sie Ihre Meinung in den meisten Fällen ändern können. Sie haben nicht nur eine Möglichkeit. Es wird noch viele weitere geben.

Unterstützung beim "Nein"- Sagen bekommen

Die meisten von uns fühlen sich viel besser, wenn sie zu jemandem "nein" sagen können, wenn sie die Unterstützung von Freunden oder Menschen haben, denen sie vertrauen.

Die oben genannten Beispiele werden fortgesetzt:

Jennie sprach mit ihren Freunden über das Verhalten ihrer Eltern hinsichtlich der Ehe. Sie halfen ihr, die Bedenken ihrer Eltern zu verstehen, aber sie erklärten ihr auch, wie sie ihre Gefühle in Worte fassen kann.

Susies Freundinnen zeigten ihr mehrere Möglichkeiten, wie sie Männern indirekt „nein" sagen kann, wie z. B. nicht abheben, wenn sie anrufen oder Ausreden finden. Aber Susie stimmte ihnen nicht zu. Sie stellte fest, dass ein nettes, aber entschlossenes "Nein" nur ein Teil des Prozesses ist und sie dies nicht zu einem gemeinen oder schlechten Menschen macht.

Susan sprach auch mit ein paar Freunden, die nicht zur Trinkgruppe gehörten. Sie unterstützten ihre Ansicht, dass eine Trinknacht reine Zeitverschwendung ist und man viel Geld für etwas ausgibt, das einem ein schlechtes Gefühl gibt und die Leistung am nächsten Tag beeinträchtigt. Sie sagten ihr, dass ihre Freunde es nicht einmal bemerken würden, wenn sie nicht mitgehen würde.

Susan lehnte also ab und nach einigen Versuchen, ihre Meinung zu ändern, ließen die Mädchen sie in Frieden. Und es gab keine Veränderung in der Art und Weise, wie sie in der Arbeit behandelt wurde.

Aber jetzt kommt der schwierigste Teil!

Wie sagt man am besten "nein"?

Selbst durchsetzungsfähige Menschen finden sich in Situationen wieder, in denen sie zu Dingen "ja" sagen, die sie in Wirklichkeit nicht tun wollen. Das kann in manchen Situationen angemessen sein. Wenn Ihr Chef Sie zum Beispiel bittet, etwas zu tun und Sie es nicht tun wollen, können Sie Ihr Durchsetzungsvermögen nicht üben, indem Sie "nein" sagen - Sie wollen nicht entlassen werden!

Aber nehmen wir an, Ihr Freund bittet Sie um etwas, wofür Sie einfach keine Zeit haben, und Sie sagen "ja", dann werden Sie gestresst sein.

Sehen wir uns nun einige Auswirkungen an, wenn Sie nicht in der Lage sind, "nein" zu sagen:

- Sie verspüren Wut und Ärger gegenüber der Person, zu der Sie "ja" gesagt haben, obwohl diese nichts falsch gemacht hat. Dieser Groll baut sich mit der Zeit so weit auf, dass Sie ihn nicht mehr tolerieren können.
- Sie sind zunehmend frustriert und enttäuscht von sich selbst.
- Sie sind überarbeitet und sehr gestresst, wenn Sie mehr Arbeit auf sich nehmen, als Sie verkraften können.
- Auf lange Sicht gesehen, können Sie ein geringes Selbstwertgefühl, Depressionen und Angstzustände bekommen.
- Unter Umständen sind manche Menschen in der Lage, "nein" zu sagen, aber auf aggressive Art und Weise, ohne Rücksichtnahme auf die andere Person. Das kann dazu führen, dass man Sie nicht mag und sich die Menschen von Ihnen entfremden, was keine gute durchsetzungsfähige Kommunikation ist.

Es gibt einige Grundprinzipien, die Sie beachten müssen, wenn Sie "nein" sagen wollen:

- Sagen Sie der Person, dass es Ihnen schwer fällt, die Anfrage zu akzeptieren.
- Seien Sie direkt und ehrlich, aber nicht unhöflich.
- Seien Sie höflich. Sagen Sie etwas wie "Danke, dass Sie gefragt haben, aber [...]."
- Halten Sie Ihre Nachricht kurz. Erklären Sie Ihre Handlungen und Gründe für Ihr "Nein" nicht allzu lange.
- Sprechen Sie langsam und mitfühlend.
- Entschuldigen Sie sich nicht und geben Sie keine ausführliche Begründung für Ihr "Nein" an.
- Übernehmen Sie die Verantwortung dafür, "nein" zu sagen. Suchen Sie keine Ausreden und geben Sie anderen keine Schuld.
- Bieten Sie gegebenenfalls Alternativen an, um das Problem zu lösen.

Denken Sie daran, dass es Ihr Recht ist, "nein" zu sagen, wenn Sie etwas nicht tun wollen. Außerdem ist es besser, von Anfang an ehrlich zu sein, als aufgrund eines "Ja" innerlich Wut und Groll zu verspüren.

Angemessene Methoden, "nein" zu sagen

Es gibt eine Reihe von Möglichkeiten, "nein" zu sagen, die je nach der jeweiligen Situation besser geeignet sind.

- **Das direkte "Nein"** - Wenn Sie jemand bittet, etwas zu tun, was Sie nicht tun wollen, sagen Sie einfach "nein", ohne sich zu entschuldigen. Diese Technik ist zwar hart und direkt, aber bei Verkäufern recht effektiv.
- **Das reflektierende "Nein"** - Hier erkennen Sie mitfühlend den Inhalt der Anfrage an und fügen dann am Ende Ihre durchsetzungsfähige Ablehnung hinzu. Zum Beispiel: "Ich weiß, dass Sie sich auf die Reise nach Goa freuen, aber ich kann nicht kommen."

- **Das begründete "Nein"** - Bei dieser Methode geben Sie einen kurzen und wahren Grund für Ihre Ablehnung an. Zum Beispiel: "Ich kann nicht mit Ihnen einkaufen gehen, weil ich morgen diesen Auftrag einreichen muss."
- **Das aufgeschobene "Nein"** - Es ist kein definitives "Nein". Sie lehnen die Anfrage momentan ab, aber lassen Raum für ein zukünftiges "Ja". Verwenden Sie diese Methode jedoch nur, wenn Sie der Anfrage wirklich nachkommen wollen. Zum Beispiel: "Ich kann heute nicht zu Ihren Eltern kommen, aber ich könnte es irgendwann in der nächsten Woche schaffen."
- **Das fragende "Nein"** - Es ist kein direktes "Nein", sondern lässt eine anderweitige Möglichkeit offen. Zum Beispiel: "Gibt es ein anderes Kleid, das ich für Sie kaufen könnte?"
- **Das wiederholte "Nein"** - Kann in mehreren Situationen verwendet werden, in denen Sie die Ablehnung immer wieder wiederholen. Ohne Erklärung, ohne Entschuldigung wiederholen Sie die Ablehnung immer wieder. Dies ist besonders hilfreich bei hartnäckigen Anfragen.

Wie man im Geschäftsleben "nein" sagt

Ist Ihnen schon einmal aufgefallen, wie oft Sie ein Projekt annehmen und Ihre Entscheidung später bereuen? Stimmen all diese Projekte tatsächlich mit Ihren Geschäftszielen überein?

Wenn Sie solche Projekte nicht ablehnen können, werden Sie den Preis dafür bezahlen. Verpasste Fristen, verlorene Kunden, körperliche und geistige Erschöpfung, Frustration und Stress. Wenn Sie gewohnt sind, jede einzelne Anfrage zu akzeptieren, verlieren Sie den Fokus und werden von Ihren Zielen abgelenkt. Das ist ein zu hoher Preis, den Sie zahlen müssen.

Lernen Sie also, wie Sie Ihre Zeit und Energie in diesen typischen Geschäftsszenarien effektiv nutzen können, indem Sie richtig reagieren.

Der Schmarotzer ist ein aufdringlicher Interessent, der versucht, Sie zu überzeugen, seine Arbeit kostenlos zu erledigen. Informieren Sie ihn über den Wert Ihrer Arbeit und wie er sie bezahlen kann.

Vereinbaren Sie eine offizielle Absprache mit dem Interessenten, zeigen Sie ihm Ihren Arbeitsplan und stellen Sie fest, ob Sie zusammenarbeiten können. Wenn es nicht so läuft, wie Sie es sich vorgestellt haben, bleiben Sie trotzdem professionell und freundlich. Sie können andere Ressourcen in Ihrem Netzwerk oder Bücher, Blogs oder Kurse empfehlen. Ihre Ehrlichkeit und Unterstützung wird von den Interessenten geschätzt. Ansonsten gibt es nichts zu verlieren, da der Interessent nie die Absicht hatte, das Geschäft mit Ihnen abzuschließen.

Kennen Sie diese Art von Kunden, die immer wieder Änderungen am Projekt vornehmen? Auch nach der Unterzeichnung des Vorschlags? Diese Menschen nehmen immer wieder schleichende Erweiterungen am Projekt vor! Solche Leute verlangen oft Änderungen, die den Zeitplan des Projektes überschreiten und Sie vollkommen verwirren. Seien Sie in solchen Fällen beim ersten Treffen direkt, klar und offen. Setzen Sie klare Grenzen für alle Ad-hoc-Anforderungen. Erklären Sie, wie Sie das Projekt nach der Unterzeichnung handhaben (z. B. Ablehnung, Zeitstrafen, hohe Kosten usw.). Dadurch wird sichergestellt, dass der Interessent es sich zweimal überlegt, bevor er Änderungen nach der Unterzeichnung des Projektes vornehmen möchte.

Die Sackgasse. Ungeplante Besprechungen bringen Ihren Kalender durcheinander, sind zeitaufwendig und erschöpfen Sie. Bevor Sie zu einem solchen Treffen "Ja" sagen, sollten Sie sich überlegen, wie nützlich es für Ihr Projekt ist.

Nehmen Sie sich eine Minute Zeit, um Ihren Zeitplan durchzugehen, die Vor- und Nachteile der Besprechung zu analysieren und dann dem Antragsteller mit einer zuversichtlichen Antwort zu antworten. Wenn es Ihre Zeit nicht wert ist, sagen Sie einfach "nein".

Oder wenn es schwierig ist, "nein" zu sagen und Sie sich mehr Informationen wünschen, um eine Entscheidung zu treffen, dann informieren Sie sich zuerst, bevor Sie sich festlegen. Und schließlich, wenn Sie einem Treffen zustimmen, entscheiden Sie über das Zeitlimit Ihrer Diskussion.

Wie Ihnen das Nein-Sagen im Geschäftsleben hilft

Beschenken Sie sich selbst, indem Sie "nein" zu den Dingen sagen, die Sie nicht tun wollen. Das füllt Ihren Terminkalender nicht so sehr, reduziert Ihre Ängste und Sie können sich - sowohl körperlich als auch geistig - auf die Dinge konzentrieren, die für Ihr Unternehmen wirklich wichtig sind. Durch ein "Nein" schützen Sie Ihre Energie und Ihre wichtigste Ressource: die ZEIT.

"Nein" zu sagen ist ein wertvolles Gut.

Hausaufgaben für Sie

Bevor wir mit der nächsten Einheit weitermachen, habe ich hier Ihre Hausaufgaben aufgelistet:

1. Schildern Sie eine (oder mehrere) Situationen in Ihrem Leben, in denen Sie "nein" sagen wollten, aber nicht in der Lage waren, es zu tun.
2. Schreiben Sie einen Grund (oder mehrere Gründe) auf, der/die Sie davon abhält/abhalten, "nein" zu sagen.
3. Erinnern Sie sich an das Gespräch, in dem Sie der Anforderung nachgegeben haben. Was hat Sie dazu gebracht, sie anzunehmen? Stellen Sie sich dann dasselbe Gespräch vor und üben Sie, mit Zuversicht "nein" zu sagen.

Zusammenfassung des Kapitels

- Zum richtigen Zeitpunkt und auf die richtige Weise "nein" zu den Wünschen anderer zu sagen, ist entscheidend für Ihre Gesundheit, Ihr Wohlbefinden und die Aufrechterhaltung starker Beziehungen.

- Wir vermeiden jedoch, dass wir "nein" zu anderen sagen, weil wir Angst vor Konflikten haben oder dass wir sie mit einem "Nein" verletzen oder enttäuschen könnten.
- Ärger, Groll, Frustration, Stress, Depression, Angst und geringes Selbstwertgefühl resultieren aus unserer Unfähigkeit, zur richtigen Zeit "nein" zu sagen.
- Durchsetzungsvermögen lehrt uns, wie wir respektvoll "nein" zu anderen sagen und gleichzeitig unsere eigenen Bedürfnisse respektieren können.

Im nächsten Kapitel werden Sie lernen:

- Was Grenzen sind
- Warum Sie sich Grenzen setzen sollten
- Bereiche, in denen Sie Ihre Grenzen setzen können
- Wie man gesunde Grenzen setzt

KAPITEL 6

Wo sind Ihre Grenzen?

Leider sind die Grenzen, die wir uns selbst setzen, für andere nicht sichtbar. Sie sind nicht wie eine Mauer oder ein "Nicht-Überschreiten"-Schild, das wir mit uns herum tragen. Trotzdem müssen Sie Grenzen setzen und andere darüber informieren. Das ist wesentlich für Ihre Gesundheit, Ihr geistiges Wohlbefinden und sogar für Ihre Sicherheit.

Folgende Grenzen müssen Sie setzen:

- Persönlicher Freiraum
- Sexualität
- Gedanken und Gefühle
- Besitztümer
- Zeit und Energie
- Kultur, Religion und Ethik

Es ist keine Wissenschaft, seine eigenen Grenzen zu setzen und die Grenzen anderer zu respektieren, aber dennoch müssen Sie lernen, wie man sie setzt. Egal, ob Sie Ihrer Familie oder Fremden gegenüber Grenzen setzen wollen, hier lesen Sie, wie Sie damit beginnen können.

Ihre Grenzen verstehen und sie bestimmen

Das Wort "Grenze" wird in der Regel missverstanden. Meistens wird damit assoziiert, dass man sich von anderen trennt. Das Setzen klarer Grenzen bietet jedoch gesunde Regeln für das, was man in persönlichen oder beruflichen Beziehungen akzeptiert.

Die Vorteile der Grenzziehung sind:

Gesunde Beziehungen und gesteigertes Selbstwertgefühl

Melissa Coats, eine lizensierte professionelle Beraterin, sagt, dass *"Grenzen Beziehungen davor schützen, unsicher zu werden. Sie bringen uns tatsächlich näher zusammen als weiter auseinander und sind daher in jeder Beziehung notwendig."*

Grenzen zu haben, ermöglicht es Ihnen, Prioritäten zu setzen, sei es in der Selbstfürsorge, im Beruf oder in Beziehungen.

Die Grenzen sollten flexibel sein

Die Grenzen sollten nicht unabänderlich sein. Sie müssen sie von Zeit zu Zeit neu bewerten und die notwendigen Änderungen vornehmen. Zu fixe oder zu unflexible Grenzen führen eher zu Problemen als zu Vorteilen.

Grenzen helfen, Ihre emotionale Energie zu bewahren

Wenn man nicht für sich selbst eintreten kann, scheint man seine Identität zu verlieren. Ihr Selbstwertgefühl schwindet. Sie werden verbittert gegenüber anderen sein. Wenn Sie jedoch Ihre Grenzen setzen, sind Sie beruhigt und sparen Ihre Energie für Ihre Selbstfürsorge.

Grenzen geben Ihnen Raum zum Wachsen

Unsere Gefühle sind nicht immer so einfach. Manchmal fühlt es sich kompliziert an. Grenzen zu setzen und sie bei Bedarf zu brechen, zeigt Ihre Verwundbarkeit. Mit Ihren Freunden einfach offen über Ihre komplexen Gefühle zu sprechen, zeigt Ihre Glaubwürdigkeit. Und wenn Sie das tun, heißen Sie andere willkommen, sich Ihnen gegenüber zu öffnen, wenn sie es brauchen.

Verwundbar zu sein und zu viel persönliche Informationen preiszugeben sind jedoch zwei verschiedene Sachen. Verwundbarkeit ist echt und bringt die Menschen einander näher. Im Gegensatz dazu wirkt ein Übermaß an persönlichen Informationen emotional erdrückend und die Beziehung zu einer anderen Person wird erzwungen.

Hinweise auf ein Übermaß an persönlichen Informationen sind:

- Jemanden in sozialen Medien persönlich anzugreifen
- Keinen Filter zu haben, wer Ihre täglichen Dramen in den sozialen Medien ansieht
- Persönliche Details mit neuen Bekanntschaften zu teilen, in der Hoffnung, die Freundschaft zu beschleunigen
- Dominierende, einseitige Gespräche zu führen
- Die Erwartung zu haben, dass Freunde und Familie Ihnen immer bereitstehen, wenn Sie eine emotionale Therapie brauchen

Wenn Sie zu viel teilen, könnten Sie die Grenzen anderer Menschen überschreiten.

Wie Sie Ihre Grenzen setzen

Für das Festlegen Ihrer Grenzen können Sie keine Anleitung per Google-Suche finden. Jeder von uns hat seine eigenen Grenzen, die von Mensch zu Mensch variieren.

Was formt unsere Grenzen?

- Unser Erbe oder unsere Kultur
- Wo wir wohnen oder woher wir stammen
- Ob wir introvertiert, extrovertiert oder irgendwo dazwischen sind
- Unsere Lebenserfahrungen
- Unsere Dynamik in der Familie

Wir alle haben eine unterschiedliche Familiendynamik. Jeder von uns versteht Situationen anders. Und wir alle verändern unsere Grenzen, wenn wir älter werden und andere Perspektiven einnehmen. Einen Maßstab für alle gibt es nicht.

Die Selbstreflexion hilft, die eigenen Grenzen zu setzen. Sie schließt das Wissen über folgende drei Aspekte ein:

1. Was sind Ihre Rechte?

Identifizieren Sie Ihre grundlegenden Menschenrechte, wenn Sie Ihre Grenzen setzen. Diese umfassen:

- Das Recht, "nein" zu sagen, ohne sich schuldig zu fühlen
- Das Recht, mit Respekt behandelt zu werden
- Das Recht, den eigenen Bedürfnissen und denen anderer gleich viel Bedeutung beizumessen
- Das Recht, Ihre Fehler und Versäumnisse zu akzeptieren
- Das Recht, den unangemessenen Erwartungen anderer nicht zu entsprechen

Wenn Sie sich Ihrer Rechte bewusst sind und an sie glauben, wird es leichter, sie zu respektieren. Wenn Sie Ihre eigenen Rechte respektieren, hören Sie auf, Energie dafür zu verwenden, anderen zu gefallen, die Ihre Rechte nicht respektieren.

2. Was sagen Ihnen Ihre Instinkte?

Sie können klar erkennen, wenn jemand Ihre Grenzen verletzt oder wenn Sie eine Grenze nach Ihrem Bauchgefühl setzen müssen. Anzeichen, wie eine erhöhte Herzfrequenz, Schwitzen, Engegefühl in der Brust und Bauchschmerzen, sagen Ihnen, dass Sie sich in einer Situation nicht wohlfühlen und eine Grenze ziehen müssen. Ballen Sie zum Beispiel die Fäuste, wenn Sie Ihren Mitbewohner beim Lesen Ihres Tagebuchs finden? Verkrampft sich Ihr Kiefer, wenn Sie jemand nach Ihrem Eheleben fragt?

3. Welche Werte haben Sie?

Ihre Grenzen und Ihre Moral sind eng miteinander verbunden. Identifizieren Sie Ihre zehn wichtigsten Werte und wählen Sie davon die drei bedeutendsten aus. Welche Herausforderungen stehen diesen Werten gegenüber? Dies sagt Ihnen, ob Sie sich starke und gesunde Grenzen gesetzt haben.

Ihre Grenzen setzen - Maßnahmen ergreifen

Tipps, wie Sie Ihre Grenzen selbstbewusst festlegen können:

1. Setzen Sie Durchsetzungsvermögen ein

Das selbstbewusste Setzen von Grenzen zeigt Ihre Einstellung und stellt zudem sogar einen freundlichen Umgang mit anderen dar. Mit einer durchsetzungsstarken Sprache sind Sie nicht unfreundlich, sondern direkt und klar, ohne den Empfänger zu kritisieren. Aggressive Sprache hingegen wirkt unfreundlich und aufdringlich.

Die Verwendung von "Ich-Aussagen" spiegelt Durchsetzungsvermögen wider. Es zeigt Selbstvertrauen und setzt eine gute Grenze, indem Ihre Gedanken und Gefühle ohne Angst ausgedrückt werden.

Betrachten Sie zum Beispiel diese beiden Sätze:

Erstens: *"Lassen Sie die Finger von meinem Tagebuch!"*

Zweitens: *"Ich empfinde es als Übergriff, wenn Sie mein Tagebuch lesen, weil es mein privater Ort ist, in dem ich meine Gedanken niederschreibe."*

Welcher davon erlaubt Ihrer Meinung nach anderen, Ihre Privatsphäre zu respektieren? Der zweite Satz natürlich. Denn er ist klar, nicht verhandelbar und drückt aus, was Sie wollen und warum.

2. Entwickeln Sie die Gewohnheit, "nein" zu sagen

Wie bereits besprochen, helfen Sie sich selbst, wenn Sie "nein" sagen. Sie brauchen sich der Person, die Sie ablehnen, nicht zu erklären.

3. Schützen Sie Ihre Freiräume

Setzen Sie Grenzen für Ihre persönlichen Sachen, physische und emotionale Abstände sowie für Ihre Zeit und Energie. Nehmen Sie dazu die Hilfe Ihrer technischen Geräte in Anspruch.

- Schließen Sie Ihre privaten Gegenstände in einer Schublade oder Box ein.
- Verwenden Sie statt eines Tagebuches in Papierform ein kennwortgeschütztes digitales Tagebuch.
- Planen Sie unabänderliche Zeiten für sich alleine ein oder Zeiten, in denen Sie Dinge tun können, die Sie lieben.
- Verwenden Sie Passwörter oder andere Sicherheitsfunktionen auf Geräten und diversen Konten.
- Planen Sie eine bestimmte Zeit für die Beantwortung von E-Mails oder Texten ein.
- Nutzen Sie die "Abwesenheitsnotiz" für E-Mail-Konten, wenn Sie im Urlaub sind.
- Versenden Sie eine Ankündigung Ihrer Abwesenheit im Voraus.
- Löschen Sie vorübergehend E-Mail- und Messaging-Anwendungen, wenn Sie nicht kontaktiert werden möchten.
- Verwenden Sie die "Nicht-stören"-Funktion Ihres Telefons und anderer Geräte.
- Versprechen Sie sich, nicht auf Nachrichten oder Anrufe zu antworten, die an persönliche Konten gesendet werden.

Andere erwarten vielleicht, dass wir während der arbeitsfreien Zeit auf berufliche E-Mails antworten. Dies kann jedoch Ihr Wohlbefinden und Ihre Beziehungen beeinträchtigen. Bemühen Sie sich also, ein Gleichgewicht zwischen Ihrer Arbeit und Ihrem Privatleben herzustellen, und zwar so oft wie möglich.

Als Erwachsener haben Sie auch das Recht, die Privatsphäre Ihrer E-Mail-Konten und Nachrichten zu schützen. Teilen Sie anderen Ihre Grenzen auch über Ihre digitalen Geräte mit.

4. Bitten Sie um Unterstützung

Wenn Sie psychisch krank, depressiv oder ängstlich sind oder ein Trauma erlebt haben, kann es für Sie schwierig sein, Ihre Grenzen zu definieren und durchzusetzen. Wenden Sie sich in solchen Fällen an eine psychiatrische Fachkraft.

Wie Sie die Grenzen anderer Menschen erkennen und respektieren

So wichtig es ist, unsere eigenen Grenzen zu respektieren, so wichtig ist es auch, andere anzuerkennen und zu ehren, damit wir sie nicht überschreiten.

Aber wie machen wir das? Folgen Sie einfach diesen drei Regeln:

1. Überprüfen Sie die Hinweise

Das Beachten von sozialen Hinweisen hilft Ihnen, die Grenzen anderer zu erkennen. Wenn sich jemand mit Nähe unwohlfühlt, wird er sich während des Gespräches zurückziehen, wenn Sie auf ihn zugehen.

Hier sind einige Hinweise darauf, dass andere mehr Raum wünschen:

- Kein Augenkontakt
- Sich wegdrehen oder seitwärts drehen
- Einen Schritt zurücktreten
- Kurze Antworten im Gespräch
- Übermäßiges Nicken
- Unerwartet hohe Stimme
- Gesten, die Nervosität widerspiegeln, wie z. B. das Sprechen mit den Händen oder schnelles Sprechen
- Verschränken der Arme oder Versteifung der Körperhaltung
- Zusammenzucken

2. Achten Sie auf neurodiverse Verhaltensweisen

Neurodiversität oder neurodiverse Verhaltensweisen werden von Menschen durch Autismus, Legasthenie, ADHS und anderen Entwicklungsstörungen gezeigt. Solche Menschen verwenden ständig bestimmte Gesten oder haben schlechten Augenkontakt oder Schwierigkeiten, ein Gespräch zu beginnen. Achten Sie auf solche Verhaltensweisen, wenn Sie mit jemandem sprechen, der eine Entwicklungsbehinderung hat.

3. Bitten Sie um Erlaubnis

Unterschätzen Sie nie die Macht des Hinterfragens. Erkundigen Sie sich immer, bevor Sie sich auf eine körperliche Berührung, wie z. B. eine Umarmung, einlassen, oder ob Sie der anderen Person eine persönliche Frage stellen können.

Grenzen sind dazu da, um uns zu helfen

Das Setzen von Grenzen sollte eher als Stärkung unserer Beziehungen zu anderen betrachtet werden, als dass wir Mauern errichten, um Menschen fernzuhalten. Darüber hinaus können uns Grenzen helfen, einen Hinweis auf schädliche Verhaltensweisen zu erhalten. Oft vernachlässigen wir unsere Instinkte und halten sie für unvernünftig. Aber wenn sich etwas ständig unangenehm oder unsicher anfühlt, ist dies ein Zeichen für Probleme.

Achten Sie darauf, wenn jemand Ihre Grenzen immer wieder überschreitet oder verletzt. Bitten Sie die Menschen in Ihrem Leben zudem darum, Ihnen ehrlich zu sagen, wenn auch Sie versehentlich an deren Grenzen stoßen.

Manchmal funktionieren Grenzen nicht

Das Setzen von Grenzen ist eine fortgeschrittene Form des Durchsetzungsvermögens. Sie beinhaltet eine Stellungnahme darüber, wer Sie sind, was Sie zu tun oder zu lassen bereit sind und wie Sie in Ihren Beziehungen behandelt werden wollen.

Aber selbst wenn Sie Ihre Grenzen gesetzt haben, funktionieren sie manchmal nicht! Trotz Ihrer Bemühungen werden Ihre Grenzen oft ignoriert oder überschritten! Es frustriert Sie, aber es ist nicht immer die Schuld des anderen. Hier ist der Grund, warum Ihre Grenzen nicht funktionieren, obwohl Sie diese selbstbewusst kommunizieren:

- Sie setzen die Grenze im Zorn oder durch Nörgeln, zum Beispiel "Ich habe es Ihnen schon hundertmal gesagt..."
- Ihr Ton ist eher vorwurfsvoll oder kritisch, als klar und deutlich.
- Sie haben keine Konsequenzen für die Überschreitung Ihrer Grenze festgelegt.
- Sie ziehen Ihre Aussage zurück, wenn Sie mit Vernunft, Wut, Drohungen, Beschimpfungen oder Schweigen herausgefordert werden.
- Ihre Konsequenzen sind zu beängstigend oder zu unrealistisch, um sie auszuführen.
- Sie erkennen die Bedeutung Ihrer Bedürfnisse und Werte nicht ausreichend an.
- Sie üben die Konsequenzen nicht stringent, d. h. jedes Mal, wenn Ihre Grenzen überschritten werden, aus.
- Sie geben nach, weil Sie den Schmerz des anderen mitfühlen und seine Gefühle und Bedürfnisse über Ihre eigenen stellen.
- Ihre Konsequenzen bestehen daraus, dass sich andere ändern müssen. Die Konsequenzen sollen nicht jemanden bestrafen oder sein Verhalten ändern, sondern erfordern, dass Sie Ihr Verhalten ändern.
- Ihnen fehlt Unterstützung, die Ihr neues Verhalten betont.
- Ihre Worte und Handlungen widersprechen einander. Denken Sie daran, dass Taten „lauter sprechen" als Worte. Taten, die jemanden für die Verletzung Ihrer Grenzen belohnen, beweisen, dass Sie es nicht ernst meinen. Zum Beispiel:

- ○ Sie sagen Ihrer Nachbarin, dass sie immer zuerst anrufen soll, bevor sie in Ihre Wohnung kommt, und dann erlauben Sie ihr, ungebeten in Ihr Zuhause zu kommen.
- ○ Sie sagen jemandem, er solle nach neun Uhr abends nicht mehr anrufen, Sie gehen aber trotzdem ans Telefon.
- ○ Sie sagen Ihren Kolleginnen und Kollegen, dass sie am Sonntag keine
  E-Mails an Sie verschicken sollen und trotzdem beantworten Sie diese am Sonntag.
- ○ Sie nörgeln oder beschweren sich über ein unerwünschtes Verhalten, ergreifen aber keine Maßnahmen.

Was können Sie tun?

Beim Setzen von Grenzen ist es entscheidend, dass Sie Ihre Gefühle, Bedürfnisse und Werte (z. B. Ehrlichkeit, Treue, Privatsphäre und gegenseitiger Respekt) erkennen. Respektieren Sie diese oder überschreiten Sie sie? Sobald Sie Ihre Komfortzone kennen, können Sie Ihre Grenzen leicht bestimmen. Bewerten Sie Ihre aktuellen Grenzen in allen Bereichen, indem Sie über Folgendes nachdenken:

- Welche spezifischen Verhaltensweisen haben Sie zugelassen, die Ihre Werte verletzen oder Ihre Bedürfnisse und Wünsche beeinträchtigen?
- Wie wirkt sich das auf Sie und Ihre Beziehungen aus?
- Können Sie das Risiko und die Anstrengung auf sich nehmen, Ihre Grenzen aufrechtzuerhalten?
- Welche Rechte meinen Sie zu haben?
- Haben Sie etwas gesagt oder getan, das nicht funktioniert hat? Warum?
- Mit welchen Folgen können Sie leben, wenn jemand Ihre Grenzen verletzt? Halten Sie immer Ihr Wort und ziehen Sie die Konsequenzen durch. Machen Sie keine „leeren" Drohungen.

- Wie werden Sie mit der Reaktion des anderen umgehen?

Um Ihre Grenzen aufrechtzuerhalten und sie zum Funktionieren zu bringen, müssen Sie die Überzeugung haben, dass die Grenze notwendig und angemessen ist. Diese Überzeugung entsteht, wenn Sie sich dessen bewusst werden, wie viel Sie in Ihren Beziehungen und für Ihre Gesundheit einbüßen müssen, wenn Sie die Grenzen nicht einhalten.

Bereiche, in denen Sie Grenzen setzen müssen

Es gibt mehrere Bereiche, in denen Grenzen gelten:

- Materielle Grenzen, um zu bestimmen, ob Sie Geld, Autos, Kleidung, Bücher, Lebensmittel usw. geben/zur Verfügung stellen möchten.
- Physische Grenzen, um Ihren persönlichen Freiraum, Ihre Privatsphäre und Ihren Körper zu schützen. Geben Sie die Hand oder geben Sie Umarmungen - wem und wann? Wie reagieren Sie auf laute Musik, Freizügigkeit oder verschlossene Türen?
- Geistige Grenzen gelten für Ihre Gedanken, Werte und Meinungen. Wissen Sie, was Sie glauben? Können Sie an Ihren Meinungen festhalten? Können Sie jemandem offen zuhören, ohne zu versteifen?
- Emotionale Grenzen trennen Ihre Gefühle und die Verantwortung von anderen. Gesunde Grenzen verhindern, dass Sie anderen die Schuld zuschieben oder die Schuld annehmen. Sie projizieren Ihre negativen Gefühle nicht auf jemand anderen. Emotionale Grenzen schützen Sie auch davor, sich für die negativen Gefühle anderer schuldig zu fühlen und deren Kommentare persönlich zu nehmen. Wenn Sie mit starken Emotionen, Argumenten oder einer defensiven Haltung reagieren, haben Sie möglicherweise schwache emotionale Grenzen.
- Sexuelle Grenzen schützen Sie bei sexuellen Berührungen und Aktivitäten.

- Spirituelle Grenzen beziehen sich auf Ihre Überzeugungen und Erfahrungen in Verbindung mit einer höheren Macht.

Interne Grenzen

Interne Grenzen regulieren Ihre Beziehung zu sich selbst. Betrachten Sie diese als Selbstdisziplin und gesunden Umgang mit Zeit, Gedanken, Emotionen, Verhalten und Impulsen.

Wenn Sie Dinge, die Sie weder tun müssen noch wollen, hinauszögern oder sich überarbeiten, ohne genügend Ruhe zu bekommen, vernachlässigen Sie Ihre inneren körperlichen Grenzen. Wenn Sie mit Ihren negativen Gedanken und Gefühlen nicht umgehen und nicht im Gleichgewicht bleiben können, haben Sie schwache innere emotionale Grenzen.

Gesunde physische und emotionale innere Grenzen helfen Ihnen, sich nicht mit den Gefühlen und Problemen anderer Menschen zu beschäftigen. Sie denken eigenständig und priorisieren sich selbst, anstatt der Kritik oder den Ratschlägen anderer zuzustimmen. Da Sie selbst für Ihre Gefühle und Handlungen verantwortlich sind, geben Sie anderen keine Schuld. Wenn man Ihnen die Schuld gibt und Sie sich nicht verantwortlich fühlen, könnten Sie, anstatt sich zu verteidigen oder sich zu entschuldigen, sagen: "Dafür übernehme ich keine Verantwortung."

Schuld und Ärger

Wenn Sie sich verärgert oder schikaniert fühlen und anderen Menschen oder Situationen in Ihrem Leben die Schuld daran geben, bedeutet dies, dass Sie sich keine Grenzen gesetzt haben. Wenn Sie sich ängstlich oder schuldig fühlen, sie zu setzen, denken Sie daran, dass Ihre Beziehungen darunter leiden können. Wenn Sie Grenzen setzen, fühlen Sie sich gestärkt, weniger ängstlich und ohne Groll oder Schuldgefühle. Außerdem erhalten Sie mehr Respekt von anderen und Ihre Beziehungen verbessern sich.

Wie man gesunde Grenzen setzt

Führen Sie die folgenden Schritte durch:

Denken Sie daran: Keine Grenzen = wenig Selbstwertgefühl

Selbstbewusstsein und Durchsetzungsvermögen sind die ersten Schritte dafür, um Grenzen zu setzen. Ihre Grenzen sind Ihre Werte. Grenzen zeigen anderen, wie viel oder wie wenig Sie sich selbst respektieren. Grenzen sind Ihr bester Freund.

Entscheiden Sie, was Ihre Grundwerte sind

Wer sind Sie? Was sind Ihre Werte? Was ist Ihre Komfortzone und was genau ist Ihnen unangenehm? Ich mag es zum Beispiel nicht, wenn ich bei der Arbeit an meinem Laptop gestört werde. Deshalb stelle ich mein Telefon auf "nicht stören", während ich arbeite. In meinen Beziehungen schätze und erwarte ich Ehrlichkeit, wertvolle Zeit und hundertprozentige Transparenz. Sobald Sie sich darüber im Klaren sind, was Ihnen am wichtigsten ist, können Sie den nächsten Schritt tun, dies anderen mitzuteilen.

Profi-Tipp: Anstatt Ihre Grenzen um eine schwierige Beziehung herum zu schaffen, machen Sie Ihre Grenzen um sich herum. Zum Beispiel geht es bei der Abgrenzung meiner Zeit am Telefon darum, zu respektieren, dass ich dazu neige, den Fokus zu verlieren, wenn ich während wichtiger Schreibarbeiten abgelenkt werde. Vielmehr soll diese Grenze meinen Stress und meine Frustration verringern anstatt Telefonanrufe zu vermeiden.

Man kann andere nicht ändern, aber sich selbst

Wir alle wollen, dass sich andere ändern. Wir streiten uns mit unseren Partnern, Eltern oder Gleichaltrigen und hoffen und erwarten, dass sie sich ändern. Obwohl wir wissen, dass wir andere nicht ändern können, versuchen wir es trotzdem manchmal. Erinnern Sie sich also immer daran, dass Sie weder für das verantwortlich sind, was ein anderer sagt noch für die Entscheidungen, die er trifft oder für seine Reaktionen.

Fazit?

Da Sie andere Menschen nicht ändern können, ändern Sie die Art und Weise, wie Sie mit ihnen umgehen. Wenn wir unser Verhalten ändern, wird sich auch die Welt um uns herum ändern.

Brahma Kumaris, eine spirituelle Organisation, empfiehlt immer, zuerst Ihre Gedanken über die andere Person zu ändern und positiv über sie zu denken, egal wie sie sich verhält. Dadurch ändert sich Ihr Verhalten der anderen Person gegenüber und diese wird motiviert, sich selbst zu ändern. Hört sich diese Kettenreaktion nicht gut an?

Bestimmen Sie die Konsequenzen im Voraus

Was tun Sie also, wenn jemand Ihre Grenzen überschreitet (was definitiv geschehen wird)? Entscheiden Sie sich im Vorhinein über die Konsequenzen und kommunizieren Sie diese klar und deutlich. Drohen Sie jedoch nicht ohne entsprechend zu handeln und geben Sie auch nicht nach, wenn andere Ihre Grenzen verletzen.

Wenn mich zum Beispiel mein Freund während meiner Arbeitszeit wiederholt anruft, gehe ich einfach nicht ans Telefon. Der beste Weg, um Ihre eigenen Grenzen und die Folgen der Grenzüberschreitung herauszufinden, besteht darin, sich ruhig hinzusetzen und nur an sich selbst zu denken. Denken Sie daran, dass es bei Grenzen darum geht, Ihre eigenen Bedürfnisse zu erfüllen und nicht darum, die Entscheidungen anderer Menschen zu beurteilen.

Lassen Sie Ihr Verhalten für Sie sprechen

Vermitteln Sie den Menschen um Sie herum Ihre Grenzen klar und deutlich und lassen Sie dann Ihr Verhalten für Sie sprechen. Die Menschen werden Ihre Grenzen testen, ausreizen und missachten. Aber Sie müssen daran festhalten und die Konsequenzen, die Sie festgelegt haben, jedes Mal durchziehen, wenn jemand die Grenzen missachtet, die Sie sich selbst gesetzt haben.

Wenn Sie nicht verärgert reagieren, weil Ihre Grenzen verletzt wurden, so deutet dies auf ein gesünderes Ich hin - in emotionaler und physischer Hinsicht.

Sagen Sie, was Sie meinen, und meinen Sie, was Sie sagen

Sie mögen vielleicht die gesündesten Grenzen gesetzt haben, aber wenn Sie diese nicht klar kommunizieren, werden Sie leicht manipulierbar sein. Darüber hinaus entstehen verwirrende Beziehungen für Sie und alle Beteiligten.

Wenn Sie das eine sagen und das andere tun, fangen die Menschen an, Ihren Charakter oder Ihre Authentizität infrage zu stellen. Warum ein solches Risiko eingehen?

Manchmal haben wir Angst davor, unsere Freunde oder Familie zu konfrontieren und ihnen die Wahrheit über unsere Gefühle zu sagen. Wir haben Angst zuzugeben, dass wir es hassen, in bestimmte Restaurants zu gehen, oder dass wir eigentlich keine Zeit mit dem gemeinen Cousin eines Freundes verbringen wollen, oder dass wir es hassen, wenn unser Chef an einem Freitag für 18:00 Uhr eine Deadline setzt.

Aber bedenken Sie: Je mehr Sie sich mit Ihren Grenzen und Werten auseinandersetzen, desto klarer können Sie diese anderen vermitteln.

Wie man über seine Grenzen spricht: ASSA-Technik

"Ding dong!"

Ja, das ist Ihre Türklingel! Aber was ist, wenn es zum ungünstigsten Zeitpunkt klingelt? Was ist, wenn es auch jedes Mal von derselben Person kommt?

Meine Mutter, eine leidenschaftliche Hausfrau, stört das sehr. Wissen Sie, warum? Unsere Nachbarn sind schuld. Jeden zweiten Tag um 14:30 Uhr klingeln die Nachbarskinder an der Tür, um sich zu erkundigen, wo deren Mutter ist oder ob diese den Hausschlüssel bei uns vergessen hat. Und das genau zur Zeit des Mittagsschlafes meiner Mutter. Sie steht frühmorgens um 4:30 Uhr auf und erledigt alle ihre Aufgaben. Nach dem Mittagessen hat sie das Bedürfnis, sich zu entspannen und ein kleines Nickerchen zu halten.

Dank der Nachbarn und deren Kinder kann sie die meiste Zeit nicht ungestört schlafen. Sie hat ihre Nachbarn mehrmals über ihr Nickerchen informiert, aber ohne Erfolg.

"Kann sie den Zweitschlüssel des Hauses nicht an ihre Kinder weitergeben? Sie sind alt genug. Oder warum ist sie nicht zu Hause, wenn ihre Kinder von der Schule kommen? Sie stören mich jeden Tag beim Schlafen." Das murmelt meine Mutter häufig vor sich hin. Und Ihr Murmeln ist berechtigt, denn sie hat passiv auf ein solches Verhalten unserer Nachbarn reagiert. Sie will sie nicht anschreien, aber die Aufforderung, nicht zu stören, hat auch nicht funktioniert.

Sollte sie also deren Verhalten weiterhin akzeptieren? Oder sollte sie die Nachbarn anschreien und sie dazu bringen, sich an ihre Anweisungen zu halten?

Nun, keine dieser Optionen scheint die richtige Wahl zu sein! Passiv zu sein und das grenzüberschreitende Verhalten zu akzeptieren, macht sie wütend; es ist nur so, dass sie es nicht ausdrückt. Aber sie wird es nicht lange zurückhalten können. Und die Nachbarn anzuschreien wird auch nicht weiterhelfen. Stattdessen wird es nur die Beziehung ruinieren.

Kommt Ihnen das bekannt vor? Oder sind Sie mit einer ähnlichen Situation konfrontiert? Wie gehen Sie damit um? Wie sollten Sie mit Menschen umgehen, von denen Sie als selbstverständlich angesehen werden?

Folgen Sie diesen fünf Schritten:

Schritt 1: Definieren Sie Ihre Grenzen

Setzen Sie Ihre Grenzen fest und halten Sie sich an diese. Welche Verhaltensweisen sind Sie bereit, von anderen Menschen zu akzeptieren und welche nicht? Das bedeutet nicht, dass Sie unnachgiebig sind, sondern lediglich, dass Sie eine Grenze haben und sich daran halten.

Schritt 2: Vergeben bedeutet nicht, dass man nicht entsprechend handelt

Die meisten von uns haben eine versöhnliche Natur. Das wurde uns so beigebracht. Vergebung ist eine Eigenschaft von Mut und hilft den Menschen, sich zu verändern. Aber wenn Sie jemandem ständig sein schlechtes Verhalten verzeihen, wird es noch viel schlimmer. Das tut diesen Menschen natürlich nicht gut. Ständiges Vergeben und ständige Akzeptanz solchen Verhaltens, fördern vielmehr das schlechte Verhalten dieser Personen.

Untersuchungen zeigen, dass Menschen, die ihre Ehepartner beleidigen, Gegenstände werfen oder irgendeine Art von Gewalt zeigen, aggressiver werden, wenn ihre Partner ihnen wiederholt vergeben.

Obwohl Vergebung andere dazu zwingen kann, sich zu ändern, muss sie von einer angemessenen Handlung begleitet werden. Mit angemessen meine ich nicht, dass man aggressiv handelt, sondern dass man eine Grenze für seine Toleranz setzt.

Wie also setzen Sie diese Grenze für das schlechte Verhalten anderer?

Schritt 3: Üben Sie die ASSA-Technik

Um Durchsetzungsvermögen zu üben, brauchen Sie eine Strategie, sei es für den Umgang mit einem Kollegen, einem respektlosen Partner oder einem unhöflichen/launischen Nachbarn.

Durchsetzungsvermögen ist eine ruhige, klare Kommunikation und kein verbaler Ansturm.

Wenn wir uns über das Verhalten von jemandem ärgern, schreien wir oft, aber derjenige kennt vielleicht nicht wirklich den Grund für unsere schlechte Laune. Erwarten Sie nicht, dass die Leute Ihre Gedanken lesen und wissen, dass Sie verärgert sind. Erzählen Sie ihnen von Ihrer schlechten Laune und dem Grund dafür.

Befolgen Sie die "ASSA"-Technik, welche steht für:

Aufmerksamkeit: Machen Sie die Person, mit der Sie sprechen möchten, darauf aufmerksam. Zum Beispiel: "Ich möchte mit Ihnen über die Widerworte sprechen, die Sie vor meinen Freunden geben." Sie machen keine Vorwürfe und verwenden keine emotionale Sprache, um Ihren Standpunkt zu verdeutlichen.

Sagen: Nennen Sie Ihr Problem. Was und warum genau ist es ein Problem: "Ich mag es nicht, wenn Sie mich anschreien. Ich fühle mich dadurch beleidigt, und ich glaube, es lässt Sie vor meinen Freunden unhöflich aussehen."

Suchen Sie die Vorteile eines besseren Verhaltens. Sagen Sie: "Wenn Sie in Zukunft nicht mit mir übereinstimmen, wäre es besser für Sie, ein privates Gespräch mit mir zu führen. Dadurch zeigen Sie sich reifer und tragen somit zu einer Lösung unseres Konfliktes bei."

Arbeiten Sie daran, sich in Zukunft anders zu verhalten. "Sollen wir uns darauf einigen, dass Sie mir von nun an keine Widerrede mehr halten? Wenn Sie mit mir reden wollen, tun Sie das privat in unserem Zimmer."

Sollten diese Personen ihr schlechtes Verhalten künftig wiederholen, erinnern Sie diese daran, was Sie vereinbart hatten.

Achten Sie auf die Klarheit dieser Art von Kommunikation. Sie haben weder das schlechte Verhalten passiv akzeptiert, noch haben Sie die Ruhe verloren und jemanden beleidigt.

Diese Art von durchsetzungsstarker Kommunikation ist eine wirkungsvolle Methode, um das schlechte Verhalten von jemandem zu korrigieren. Auch wenn sie das Verhalten der anderen Person vielleicht nicht ändern (zumindest nicht sofort), haben Sie ihr die Gelegenheit gegeben, sich besser zu verhalten und Ihre Grenzen offen kommuniziert.

Schritt 4: Bleiben Sie ruhig

Das ist sehr wichtig. Wenn Menschen Ihre Grenzen überschreiten, ist es ganz natürlich, dass Sie die Ruhe verlieren. Aber Sie können die Situation mit ein wenig Geistesgegenwart bewältigen. Und dafür müssen Sie ruhig bleiben. In dem Moment, in dem Sie anfangen zu kritisieren, zu schreien oder zu jammern, fängt die Gegenseite an, sich zu wehren. In einer solchen Situation ruhig zu bleiben, erfordert Übung. Deshalb ist es wichtig, dass Sie das, was Sie sagen werden, einstudieren.

Schritt 5: Seien Sie ehrlich

Wir haben alle schon einmal ein schreckliches Geschenk von einem Verwandten oder Freund erhalten, und obwohl es uns nicht gefallen hat, haben wir so getan, als ob es großartig wäre. Denn wir glauben, dass Ehrlichkeit ihre Gefühle verletzen würde. Aber wenn Sie ehrlich sind, erhalten Sie mehr Respekt vor sich selbst und vor anderen. Letztlich wird es der anderen Person helfen, ihr eigenes Verhalten ernsthaft zu betrachten und zu bewerten. Dadurch werden die Menschen nicht gezwungen sein, unter der Illusion zu leben, dass ihr Verhalten in Ordnung sei, wenn es in Wirklichkeit nicht der Fall ist.

Manchmal muss man eine klare, prägnante und direkte Sprache verwenden.

Wie sieht es bei Ihnen aus?

1. Haben Sie Ihre Grenzen bei der Arbeit und in Beziehungen gesetzt? Wenn nicht, was hindert Sie daran, es zu tun?
2. In welchen Situationen haben Sie das Gefühl, dass Menschen Ihre Grenzen überschreiten?
3. Wie reagieren Sie auf Menschen, die dies tun? Vergeben Sie ihnen und lassen Sie sie Ihre Grenzen wieder überschreiten oder ergreifen Sie konkrete Maßnahmen?

Zusammenfassung des Kapitels

- Sie können Grenzen setzen für Ihren persönlichen Freiraum, Ihren Besitz, Ihre Sexualität, Ihre Gedanken und Gefühle, Ihre Zeit und Energie, Ihre Kultur, Ihre Religion und Ihre Ethik.
- Wenn Sie sich gesunde Grenzen setzen und die Grenzen anderer Menschen respektieren, verbessern Sie Ihr Selbstwertgefühl, bewahren Ihre emotionale Energie, geben sich selbst Raum zum Wachsen und bauen gesunde Beziehungen auf.
- Ihre Grenzen werden jedoch nicht funktionieren, wenn Sie diese unter Einfluss von Wut setzen, die Grenzen zu unflexibel gestalten, anderen gegenüber kritisch sind oder im Falle einer Grenzüberschreitung keine Konsequenz ziehen.
- Vermitteln und erklären Sie Ihre Grenzen mithilfe der „ASSA"-Technik.

Im nächsten Kapitel werden Sie lernen:

- Warum es schwierig ist, seine Gefühle auszudrücken
- Tipps, wie Sie Ihre Gefühle offen kommunizieren können
- Techniken zur Selbstdarstellung
- Durchsetzungsfähige Kommunikationsformel

KAPITEL 7:

Durchsetzungsfähige Selbstdarstellung

Die zweite Kategorie von durchsetzungsfähigem Verhalten ist die Darstellung dessen, was und wie man fühlt. Gefühle offen auszudrücken ist jedoch nicht für jeden selbstverständlich. Männer haben es in der Regel schwerer, ihre Gefühle auszudrücken, aber nahezu jeder Mensch findet es irgendwann in seinem Leben schwierig, seine Gefühle auszudrücken.

Wenn es schwierig ist, seine Gefühle auszudrücken

Wenn Sie begreifen, warum Sie Schwierigkeiten haben, Ihre Gefühle offen auszudrücken, dann ist das ein wichtiger Schritt zur Änderung Ihres Verhaltens. Sie können lernen, wie Sie Ihre Gefühle ausdrücken können, genauso schnell wie Sie lernen können, wie man einen Wasserhahn repariert oder einen Knopf an ein Hemd näht.

Hier sind die neun häufigsten Gründe, warum es für Menschen schwierig ist, ihre Gefühle anderen gegenüber auszudrücken:

Sie wissen nicht genau, was Sie fühlen

Eine Person kann Gefühle, wie Traurigkeit, Ablehnung, Respektlosigkeit, Verletzung oder Scham, empfinden, aber es ist besser, präzise zu sein. Wenn Sie genau wissen, was Sie fühlen, hilft es Ihnen, mit sich selbst, den Werten, die Sie haben und denen, nach denen Sie leben möchten, im Einklang zu sein. Es erhöht auch die Wahrscheinlichkeit, von anderen verstanden zu werden.

Angst vor Konflikten

Wir haben Angst vor aggressiven Gefühlen oder generell Konflikten mit Menschen. Sie glauben, dass sich Menschen mit guten Beziehungen nicht auf verbale "Kämpfe" oder intensive Auseinandersetzungen einlassen sollten. Außerdem befürchten Sie, dass die Offenbarung Ihrer Gedanken und Gefühle gegenüber den Menschen, die Ihnen wichtig sind, dazu führt, dass diese Sie ablehnen.

Dies wird manchmal als "Vogel-Strauß-Phänomen" bezeichnet - den Kopf in den Sand zu stecken, anstatt Beziehungsprobleme anzusprechen.

Emotionaler Perfektionismus

Manche Menschen glauben, dass sie keine Gefühle, wie Wut, Eifersucht, Depression oder Angst, haben sollten. Sie meinen, sie sollten immer rational sein und ihre Gefühle unter Kontrolle haben. Wenn sie diese Gefühle ausdrücken, werden sie als schwach und verletzlich dargestellt. Sie befürchten, dass sie von anderen Menschen kritisiert oder abgelehnt werden, wenn diese wissen, wie sie sich wirklich fühlen.

Angst vor Missbilligung und Ablehnung

Manche Menschen haben Angst vor Ablehnung und dem Alleinsein, sodass sie ihre Gefühle lieber unterdrücken, anstatt sie auszudrücken. Dafür nehmen sie sogar Beschimpfungen in Kauf. Sie haben ein übermäßig großes Bedürfnis, anderen zu gefallen und deren Erwartungen zu erfüllen. Solche Menschen haben Angst, dass es anderen nicht gefällt, wenn sie ihre Gedanken und Gefühle ausdrücken.

Passiv-aggressives Verhalten

Passiv-aggressives Verhalten bringt Sie dazu, sich zu sperren und Gefühle, wie Ärger oder Wut, in sich zu verbergen, anstatt sie zu offenbaren. Sie schweigen andere absichtlich an, was eine beliebte Strategie ist, um ihnen Schuldgefühle zuzuweisen.

Hoffnungslosigkeit

Wenn Sie davon überzeugt sind, dass sich Ihre Beziehung nicht verbessern kann, egal was Sie tun, hören Sie auf, Ihre Gefühle auszudrücken. Sie haben das Gefühl, dass Sie bereits alles versucht haben und nichts funktioniert. Sie geben Ihrem Ehepartner (oder Partner) die Schuld, dass er zu stur und unsensibel sei, sich zu ändern.

Diese Überzeugungen stellen eine sich selbsterfüllende Prophezeiung dar - sobald Sie aufgeben, unterstützt eine manifestierte Hoffnungslosigkeit Ihr vorhergesagtes Ergebnis.

Geringes Selbstwertgefühl

Aufgrund eines geringen Selbstwertgefühls haben die Menschen das Gefühl, dass sie nicht berechtigt sind, ihre Gefühle auszudrücken oder andere um das zu bitten, was sie wollen. In einem solchen Fall versuchen Sie immer, anderen Menschen zu gefallen und deren Erwartungen zu erfüllen.

Spontaneität

Nur dann, wenn man verärgert ist, hat man das Recht zu sagen, was man denkt und fühlt. Wenn Sie dieser Aussage zustimmen, drücken Sie lediglich in diesen Situationen Gefühle aus. Wenn Sie jedoch während eines ruhigen und strukturierten oder halbstrukturierten Gespräches Ihre Gefühle offenbaren, führt dies bei anderen Menschen nicht zu dem Eindruck, dass Sie ihnen etwas "vortäuschen" oder versuchen, sie unangemessen zu manipulieren.

Gedankenlesen

Sie erwarten, dass andere wissen, wie Sie sich fühlen und was Sie brauchen (obwohl Sie ihnen dies noch gar nicht mitgeteilt haben). Diese Erwartung ist jedoch nur ein Vorwand, um sich nicht öffnen zu müssen, und Sie sind danach verärgert, weil sich die Menschen nicht um Ihre Bedürfnisse zu kümmern scheinen.

Märtyrertum

Sie haben Angst zuzugeben, dass Sie wütend, verletzt oder verärgert sind, weil Sie niemandem die Genugtuung geben wollen, zu wissen, dass Ihnen sein Verhalten etwas ausmacht. Sie sind stolz darauf, Ihre Emotionen zu kontrollieren und sich nicht verletzt zu zeigen, was jedoch einer klaren und funktionellen Kommunikation zuwiderläuft.

Tipps, sich zu öffnen

Wenn Sie erst einmal herausgefunden haben, warum es Ihnen so schwer fällt, sich auszudrücken, können Sie daran arbeiten, dies effektiver und selbstbewusster zu tun. Hier sind ein paar Tipps, die Ihnen helfen, Ihre Gefühle besser zu offenbaren:

1) Seien Sie sich im Klaren über Ihren Wunsch, Ihre Gefühle offen mitzuteilen

Fragen Sie sich, warum Sie Ihre Gefühle überhaupt mitteilen wollen. Erwarten Sie, dass sich die andere Person ändert? Teilen Sie Ihre Gefühle mit, um sich abzureagieren? Oder wollen Sie einen Ratschlag? Oder teilen Sie Ihre Gefühle mit anderen, um sich selbst besser kennenzulernen?

Seien Sie sich über Ihre Gründe und Erwartungen im Klaren, ob Sie Ihre Gefühle mit einem Therapeuten, einem Freund oder einem geliebten Menschen teilen möchten.

2) Erkennen Sie die Vertrautheit der Mitteilung von Gefühlen an

Bevor Sie sich auf das eigentliche Gespräch über Ihre Gefühle einlassen, ist es wichtig, dass Sie anerkennen, dass dieser Austausch intim ist. Ihr Vertrauen in andere und in Sie selbst beeinflusst Ihre Offenheit, Ihre Gefühle mitzuteilen.

3) Fangen Sie klein an

Wenn Sie sich nicht wohl dabei fühlen, Ihre Gefühle zu offenbaren, tauchen Sie dann auch nicht kopfüber ein. Experimentieren

Sie stattdessen zunächst, indem Sie die Dinge mitteilen, die Ihnen am wenigsten unangenehm sind.

4) Beginnen Sie mit den Menschen, denen Sie am meisten vertrauen

Beginnen Sie damit, Ihre Gefühle den Menschen mitzuteilen, denen Sie am meisten vertrauen: dem besten Freund, Ihren Geschwistern oder einem Elternteil.

5) Achten Sie auf die Erfahrung

Berücksichtigen Sie die Erfahrung, die Sie machen, wenn Sie Ihre Gefühle mitteilen, damit Sie es beim nächsten Mal noch besser machen können. Welcher Teil fühlte sich gut an? Werden Sie es beim nächsten Mal wieder mitteilen? Wenn nicht, was brauchen Sie, damit Sie sich beim Mitteilen Ihrer Gefühle wohler fühlen?

6) Denken Sie an die schädlichen Auswirkungen unterdrückter Gefühle

Denken Sie daran, dass es nichts nützt, seine Gefühle zu verbergen. Wenn Sie Ihre Gefühle unterdrücken, minimieren oder verleugnen, werden Sie diese auch bei anderen weniger wahrnehmen. Im Gegensatz dazu erhöht die Anerkennung Ihrer Gefühle Ihr Einfühlungsvermögen. Das Erkennen und Annehmen Ihres Schmerzes ist eine Form der Empathie. Dieses Bewusstsein erhöht Ihre Fähigkeit, sich in andere hineinzuversetzen.

Techniken, um sich auszudrücken

Häufig verbinden Menschen ausdrucksstarkes Durchsetzungsvermögen mit der Einforderung ihrer Rechte, wenn sie das Gefühl haben, dass sie von jemandem schlecht behandelt wurden. Mehr Durchsetzungsvermögen kann Ihnen aber auch helfen, auf positive Weise Ihren Zielen näher zu kommen.

Durchsetzungsvermögen kann Ihnen helfen:

- In Besprechungen Ihre Meinung zu äußern, wenn Sie das wollen
- "Nein" zu sagen, wenn Sie etwas nicht tun wollen
- Positive Ziele auszudrücken und die erforderlichen Ressourcen anzufragen, um sie zu verwirklichen

Bekommen Sie, was Sie wollen, wenn Sie selbstbewusst kommunizieren? Nun, es gibt keine Garantie dafür, aber Sie werden Zufriedenheit erlangen, wenn Sie sich auf eine positive, selbstbewusste Weise ausdrücken. Sie werden sich selbst besser fühlen und auch in der Kommunikation mit anderen. Dies erhöht die Wahrscheinlichkeit, genau das zu bekommen, was Sie brauchen oder wollen. Vorausgesetzt, Sie können exakt ausdrücken, was es ist.

Techniken für durchsetzungsfähige Äußerungen

Planen Sie im Voraus, was Sie sagen wollen, visualisieren Sie die Situation und seien Sie positiv

Benutzen Sie "Ich-Aussagen", um sich auszudrücken. "Ich-Aussagen" helfen Ihnen, sich auf Ihre eigenen Gedanken, Gefühle und Bedürfnisse zu konzentrieren und die anderen Menschen anzuerkennen. Der eigentliche Fokus in "Ich-Aussagen" liegt dabei auf den Bereichen "Ich fühle", "Ich will" oder "Ich denke". Die Identifizierung Ihrer Gedanken, Gefühle und Wünsche in einer Situation hält Sie davon ab, jemand anderem die Schuld zu geben oder sich in den Emotionen des Augenblicks zu verlieren. Vermeiden Sie Worte, die die Kraft Ihrer Botschaften schwächen, wie zum Beispiel *könnte, entschuldigen Sie, normalerweise nicht, vielleicht, angenommen, möglich, vielleicht, äh... oder ähm...*

Zum Beispiel: "Wenn Sie mich anschreien, bin ich verärgert und niedergeschlagen, was sich negativ auf meine Arbeitsweise auswirkt. Ich möchte, dass Sie aufrichtig und in einem normalen Ton mit mir sprechen, damit ich meine Arbeit besser machen kann."

Bleiben Sie dran und wiederholen Sie

Wiederholen Sie Ihre Anfrage mehrmals, damit Sie die Wichtigkeit Ihrer Nachricht verdeutlichen. Geben Sie nicht auf, wenn Sie beim ersten Mal abgelehnt wurden.

Zum Beispiel: Nachdem Sie Ihre Akte zur Überprüfung angefordert und keine Antwort erhalten haben, sagen Sie: "Ich verstehe, dass Sie sehr beschäftigt sind mit [...]. Ich schätze Ihren Beitrag zu meinem Projekt sehr, damit ich meine Arbeit zu Ende führen kann."

Einfühlsam sein und die Gefühle anderer anerkennen

Zum Beispiel: "Ich weiß, Sie wollen, dass der Auftrag morgen fertig wird, aber ich schaffe es wirklich nicht, da ich mich um andere wichtige Angelegenheiten kümmern muss."

Nennen Sie die Konsequenzen, wenn das Verhalten nicht geändert wird

Zum Beispiel: "Wenn Sie nicht genügend Zeit für das Schreiben des Inhalts einplanen, wird er nicht erstklassig werden und ich muss ihn erneut schreiben. Ich würde es bevorzugen, das nicht tun zu müssen."

Reagieren Sie auf Kritik nicht defensiv

Wenn jemand Sie kritisiert, erwartet er von Ihnen, dass Sie mit dem, was er sagt, nicht einverstanden sind oder sich ihm widersetzen und dass Sie defensiv reagieren. Sie können jedoch kritische Bemerkungen relativieren und trotzdem Ihren Standpunkt respektieren. Sie können einem Teil des Gesagten zustimmen, ohne defensiv zu sein.

Wenn zum Beispiel jemand sagt: "Das war eine schlechte Präsentation, die Sie während des Meetings gehalten haben." Dann könnten Sie antworten: "Ja, ich merke, dass ich mich in einigen Bereichen verbessern könnte."

Wenn Sie mit einigen Punkten der Kritik einverstanden sind, können Sie darauf reagieren, indem Sie versuchen zu verstehen, was zu der Kritik geführt hat. Wenn Sie mit dem obigen Beispiel fortfahren, könnten Sie fragen, was verbessert werden könnte, und sagen: "Eigentlich hätte ich besser sein können. Was könnte Ihrer Meinung nach verbessert werden?"

Erkennen Sie Ihre Schwächen oder Fehler an

Das nennt man "negative Behauptung". Wir alle haben Bereiche, in denen wir uns verbessern können. Wir können jedoch unsere Fehler und Schwächen anerkennen, ohne uns selbst minderwertig fühlen zu müssen.

Durchsetzungsfähige Kommunikationsformel: Die Botschaft klar vermitteln

Selbstvertrauen und Durchsetzungsvermögen werden oft als gleichbedeutend angesehen, unterscheiden sich jedoch in vielerlei Hinsicht.

Durchsetzungsvermögen bedeutet, sich selbstbewusst zu verhalten und nicht zu zögern, seine Wünsche und Überzeugungen zum Ausdruck zu bringen. Selbstvertrauen wird definiert als die Eigenschaft, sich seiner selbst und seiner Fähigkeiten sicher zu sein.

Der Hauptunterschied zwischen den beiden ist die Kommunikation. Sie können nur dann durchsetzungsfähig sein, wenn es jemanden oder etwas gibt, gegenüber dem Sie sich durchsetzen können, während Selbstvertrauen von innen kommt und isoliert existieren kann.

Durchsetzungsvermögen kann nicht ohne zugrundeliegendes Selbstvertrauen und nur in Situationen existieren, in der Kommunikation stattfindet. Durchsetzungsvermögen kann durch eine starke Körpersprache, einen bestimmten Tonfall und eine bestimmte Ausdrucksweise dargestellt werden. Selbstvertrauen hingegen braucht nichts für seine Existenz. Einfach ausgedrückt: Man kann selbstbewusst sein, ohne durchsetzungsfähig zu sein, aber man kann nicht durchsetzungsfähig sein, ohne selbstbewusst zu sein.

Daher kann es schwierig sein, sich zu äußern und sich auszudrücken. Manchmal kann es sogar überwältigend sein, wenn man schüchtern ist, kein Selbstvertrauen hat oder aus einer Kultur kommt, in der es als unangebracht gilt, sich zu äußern. Es kann sich auch unangenehm und unnatürlich anfühlen, wenn Sie eher dazu neigen, Ihre Frustration und Unzufriedenheit indirekt oder passiv zu äußern.

Aber denken Sie daran, dass Ängste vor dem Sprechen zwar schwer zu überwinden sind, aber nicht unmöglich. Die Verwendung einer sogenannten "Durchsetzungsformel" kann helfen.

Diese Durchsetzungsformel kann in jeder Situation bei Ihnen zu Hause oder am Arbeitsplatz angewendet werden. Lassen Sie uns die drei Komponenten der durchsetzungsfähigen Kommunikationsformel lernen.

Beginnen Sie mit einer kurzen, einfachen, objektiven Aussage über das Verhalten der anderen Person. Zum Beispiel: "Wenn Sie mich bei meiner Arbeit unterbrechen..." Hier ist es Ihr Ziel, die Aufmerksamkeit der anderen Person zu gewinnen, ohne dass sie sich gleich wehren möchte. Die Erklärung sollte kurz, auf den Punkt gebracht und emotionslos sein, damit Ihre Botschaft vermittelt und ihr nicht sofort widersprochen wird oder sich die andere Person gleich distanzieren möchte.

Beschreiben Sie die negativen Auswirkungen des Verhaltens der anderen Person. Erklären Sie, warum das Verhalten der Person ein Problem für Sie darstellt. Wenn zum Beispiel der erste Teil der Formel lautet: "Wenn Sie mich bei meiner Arbeit unterbrechen", können Sie hinzufügen: "verliere ich meinen Ge-

dankenfluss." Ziel ist es, eine Logik von Ursache und Wirkung aufzubauen. Verknüpfen Sie eine objektive Aussage über das Verhalten der Person mit den Auswirkungen, die dieses Verhalten auf Sie
hat.

Beenden Sie mit einer gefühlvollen Aussage. Hier müssen Sie angeben, wie sich das beleidigende Verhalten der anderen
Person nicht nur negativ auf Ihre Handlungen, sondern auch auf
Ihre Gefühle ausgewirkt hat. Ein Beispiel für eine gefühlvolle Aussage könnte lauten: "Ich fühle mich ängstlich" oder "Ich fühle mich
abgelenkt".

Wenn man alles zusammenfügt, erhält man folgende Aussage:
"Wenn Sie mich bei meiner Arbeit unterbrechen, verliere ich meinen Gedankenfluss und fühle mich abgelenkt."

Natürlich ist es selbst mit dieser Formel nicht immer einfach,
sich durchzusetzen. Es ist durchaus möglich, dass der Empfänger
negativ auf Ihre Botschaft reagiert. Deshalb müssen Sie jeder Reaktion mit einer ruhigen, beständigen und selbstbewussten Prä-
senz begegnen.

Was Sie tun können, ist, möglichst viele Beweise zu sammeln,
um Ihre Aussage über das beleidigende Verhalten des anderen zu
stützen. Sie könnten die Fälle verfolgen, in denen Sie sich durch
die Handlungen der Person verletzt, erniedrigt oder beleidigt fühl-
ten. Benutzen Sie diese Aufzeichnung nicht, um an der anderen
Person zu nörgeln. Verwenden Sie diese nur als Sicherheitsmate-
rial, wenn Ihr Gegenüber Sie widerlegt und überzeugt werden
muss. Diese Beweise erhöhen die Wahrscheinlichkeit, dass der andere Ihre Botschaft anhört und letztlich die beabsichtigte Wirkung
auf den Empfänger hat.

Man darf nicht vergessen, dass es keine Einheitslösung gibt.
Sie können und sollten Ihren eigenen Stil bewahren, um Ihre Botschaft so authentisch wie möglich zu gestalten.

Es fällt vielen von uns sehr schwer, das Wort zu ergreifen. Und niemand kann garantieren, dass die erwünschten Ergebnisse erzielt werden. Die andere Person kann sofort positiv reagieren; oder sie kann mit einer erheblichen Verzögerung positiv reagieren; oder sie kann überhaupt nicht reagieren. Aber für Sie ist es ein bedeutender Sieg, wenn Sie den Mut aufbringen, Ihre Meinung und Ihre Frustration überhaupt zu äußern.

Hausaufgaben für Sie

Beantworten Sie die folgenden Fragen, bevor Sie mit dem nächsten Kapitel fortfahren:

1. Was hindert Sie daran, anderen gegenüber Ihre Gefühle zu äußern?
2. Wenn Sie jemals Ihre Gefühle geäußert haben, wie war die Reaktion der anderen Person?
3. Wie wahrscheinlich ist es, dass Sie in Zukunft derselben Person (oder anderen) gegenüber Ihre Gefühle zum Ausdruck bringen werden?

Zusammenfassung des Kapitels

- Menschen fällt es schwer, ihre Gefühle auszudrücken, weil sie nicht genau wissen, was sie fühlen. Die Angst vor Konflikten, Missbilligung und Ablehnung, emotionalem Perfektionismus, passiv-aggressivem Verhalten oder geringem Selbstwertgefühl hindern Sie auch daran, sich auszudrücken.

- Sobald Sie sich über Ihre Gefühle im Klaren sind, beginnen Sie damit, Dinge mitzuteilen, die Ihnen am wenigsten unangenehm sind. Teilen Sie Ihre Gefühle den Menschen mit, denen Sie am meisten vertrauen: dem besten Freund, Ihren Geschwistern oder einem Elternteil.

- Um sich selbstbewusst auszudrücken, planen Sie zunächst, was Sie sagen wollen. Beginnen Sie mit einer kleinen, objektiven Aussage über das unerwünschte Verhalten, beschreiben Sie, wie es Sie beeinflusst und schließlich, wie Sie sich fühlen. Denken Sie daran, während der gesamten Diskussion ruhig und einfühlsam zu bleiben.

Im nächsten Kapitel werden Sie lernen:

- Wie Sie durch Fragen das bekommen, was Sie wollen
- ERPG/Durchsetzungsfähige Anfrage-Formel
- Wie man um eine Gehaltserhöhung bittet
- Tipps für durchsetzungsfähige Fragen

KAPITEL 8

Verlangen und erhalten Sie, was Sie wollen

Verlangen Sie, was Sie wollen

Viele von uns finden es unglaublich schwierig, etwas zu verlangen, besonders bei der Arbeit, obwohl die Anfrage völlig legitim ist. Sie fragen sich vielleicht, was Ihre Kollegen von Ihnen denken werden. Werden Sie als gierig abgestempelt? Aufdringlich? Werden sie dadurch irritiert? Die Liste ist endlos!

Wenn es Ihnen schwer fällt, etwas zu verlangen, dann finden Sie hier sieben Tipps, wie Sie das verlangen können, was Sie wollen:

Haben Sie keine Schuldgefühle

Haben Sie keine Schuldgefühle, wenn Sie eine Bitte äußern. Schuldgefühle haben meistens Menschen, die jedem gefallen möchten und keine Unannehmlichkeiten verursachen wollen. Erinnern Sie sich immer daran, dass es nicht gierig ist, etwas zu verlangen. Es ist nicht falsch, sondern eher eine gesunde Art von Selbstfürsorge.

Fangen Sie klein an

Fangen Sie klein an, z. B. indem Sie nach einem anderen Tisch in einem Restaurant fragen. Auf diese Weise gewöhnen Sie sich daran, wie es sich anfühlt, eine kleine, einfache Anfrage zu stellen. Sie werden auch anfangen zu erkennen, dass nichts Schlimmes passiert, wenn Sie Ihre Bedürfnisse äußern.

Gehen Sie nicht davon aus, dass andere Ihre Gedanken lesen können

Wir gehen oft davon aus, dass unser Ehepartner, unser Chef, unsere Arbeitskollegen oder sogar unsere Freunde unsere Gedanken lesen können. Wenn sie sich also nicht so verhalten, wie wir es erwarten, sind wir am Ende verletzt und verärgert. Damit eine Beziehung gedeiht, müssen beide Parteien die Verantwortung dafür übernehmen, ihre Bedürfnisse klar zu kommunizieren.

Seien Sie sich der Person bewusst, von der Sie etwas verlangen

Die Psychologin Susan Krauss Whitbourne schrieb, dass wir uns "der Person, von der wir etwas verlangen und ihrer Bedürfnisse bewusst sein müssen, anstatt uns nur auf das zu konzentrieren, was wir uns von einer Situation erhoffen". Versetzen Sie sich in die Lage der anderen Person, und Sie können Ihre Anfrage so gestalten, dass sie auch für die andere Person vorteilhaft ist, was die Wahrscheinlichkeit einer positiven Antwort erhöht.

Wenn Sie die Anfrage jedoch aufschieben, weil der Zeitpunkt nie richtig zu sein scheint, sind es vielleicht Ihre eigenen Gefühle der Unzulänglichkeit oder Unsicherheit, die Sie davon abhalten, diesen Schritt zu wagen.

Seien Sie ehrlich

Ehrlichkeit ist immer die beste Politik. Drücken Sie ehrlich aus, was Sie brauchen und warum Sie es brauchen und versichern Sie der anderen Person, dass es in Zukunft keine Regeländerungen geben wird.

Fragen Sie und Sie werden erhalten... aber Sie müssen fragen

Man sagt: "Wenn man etwas will, muss man danach fragen und riskieren, es nicht zu bekommen, ansonsten liegt die Chance, es nicht zu bekommen, bei 100 %." Stellen Sie sich nur vor, was Sie im Leben nicht haben könnten, wenn Sie nicht danach fragen würden: Jobs, Gehaltserhöhungen oder einfach nur das Autogramm von jemandem.

Stellen Sie sich das schlechteste Ergebnis vor

Wenn Sie Angst haben, etwas zu verlangen, atmen Sie tief durch und stellen Sie sich das schlechteste Ergebnis vor, das möglich ist. In der Regel wird es ein einfaches "Nein" sein, was nicht gerade lebensbedrohlich ist. Ich habe diese Taktik angewandt, als ich um meine Gehaltserhöhung bat, und sie hat definitiv geholfen. Im schlimmsten Fall würde mein Chef höflich "nein" sagen, aber ich hätte immer noch einen Job, zu dem ich jeden Tag ziemlich gerne gehe. Es kann unglaublich frustrierend sein, mit der einfachen Aufgabe zu kämpfen, das auszusprechen, was man will. Aber die gute Nachricht ist, dass man diese Fähigkeit im Laufe der Zeit verbessern und verfeinern kann.

Durchsetzungsfähige Anfrage-Formel

Wenn Sie jemanden auffordern möchten, sein Verhalten zu ändern oder das zu bekommen, was Sie wollen, gibt es eine einfache "ERPG"-Formel, die Sie verwenden können. ERPG steht für Empathie, Respekt, Problem und Goal (Ziel).

Bevor Sie die Formel anwenden, sollten Sie ein klares Verständnis Ihrer Ziele haben. Machen Sie sich klar, wie sich andere verhalten sollen, welche Maßnahmen zu ergreifen sind, wie deren Reaktion aussehen könnte und wie Sie darauf reagieren werden. Wenn möglich, stellen Sie die durchsetzungsfähige Anfrage an dem Ort und zu der Zeit, die für Sie am besten geeignet sind.

ERPG-Formel

Empathie und Respekt aufbauen und positive Gefühle ausdrücken

Versuchen Sie, die Gefühle des anderen zu verstehen, bevor Sie die Anfrage stellen und teilen Sie ihm/ihr dies auch mit.

Zum Beispiel: "Ich weiß, dass Sie nicht in der Lage sein werden, kurzfristig einen anderen freiberuflichen Autor für diesen Auftrag zu engagieren, aber ich hoffe, Sie verstehen, dass ich derzeit überfordert bin."

Zeigen Sie Ihren Respekt und Ihre Achtsamkeit für die andere Person. Erkennen Sie die Teile des Verhaltens der anderen Person an, die dafür sorgen, dass Ihr Gespräch positiv und ohne Schuldzuweisungen verlaufen wird.

Zum Beispiel: "Ich weiß Ihre Unterstützung zu schätzen, dass alle meine Aufträge rechtzeitig bezahlt werden."

Benennen Sie das Problem und die negativen Gefühle

Sprechen Sie in einer überzeugenden Art und Weise, sodass Ihr Problem gelöst und nicht gegen Sie verwendet wird. Bitten Sie um Hilfe, aber geben Sie den anderen nicht die Schuld an Ihren negativen Gefühlen. Wenn Sie über das Verhalten anderer verärgert sind, denken Sie daran, dass Sie Ihre eigenen Gefühle und Ihre eigene Art, wie Sie auf das Verhalten anderer reagieren, kontrollieren können. Trotzdem können Sie Ihr Problem und Ihre negativen Gefühle ausdrücken und um Hilfe bitten.

Zum Beispiel: "Wenn Sie mir ständig die Schuld für meine Fehler in der Vergangenheit geben, tut mir das weh, und ich beginne, mich zu verteidigen, anstatt mich mit dem eigentlichen Thema zu befassen."

Nennen Sie das Ziel und fordern Sie ein neues Verhalten an

Manchmal reicht es nicht aus, das Problem nur zu benennen. Sie müssen vielleicht über das Problem sprechen, aber auch über das Ziel, das Sie erreichen wollen.

Geben Sie an, welche Art von neuem Verhalten Sie wünschen und wie es sich auf Sie auswirken würde. Aber lassen Sie zu, dass die anderen Personen ihr neues Verhalten so weit wie möglich selbst wählen. Wenn andere die Kontrolle haben, sind sie eher bereit, zu helfen und Lösungen für das Problem zu finden. Die andere Person kann sogar eine bessere Lösung finden als Sie. Dieser Ansatz bringt die andere Person dazu, auf Ihr Problem Rücksicht zu nehmen und Ihnen bei der Lösung zu helfen, anstatt sich in die Defensive zu begeben.

Zum Beispiel: "Anstatt mir die Schuld für meine Fehler in der Vergangenheit zu geben, könnten Sie beschreiben, was ich getan habe und wie ich mich in Zukunft verbessern kann. Dann würde ich weniger Defensive zeigen und Ihren Vorschlägen mehr entgegenkommen."

Gehen Sie der Anfrage nach

Wenn die Person Ihrer Bitte ausweicht, Sie angreift, manipulativ wird, Ihnen ein schlechtes Gewissen oder Ärger bereitet, sich entschuldigt oder sich einfach weigert, etwas zu tun, verwenden Sie andere durchsetzungsfähige Techniken, wie die bereits beschriebene Wiederholung, die Besänftigung der Wut oder den Abschluss eines Vertrages.

Notieren Sie beim Abschluss eines Vertrages die Punkte der Zustimmung (und möglicherweise auch die Punkte der Uneinigkeit). Die Vereinbarung sollte schriftlich festgehalten und von beiden Parteien unterzeichnet werden.

Wenn Sie die oben genannten Schritte der ERPG-Formel befolgen, achten Sie darauf, dass Sie einen durchsetzungsstarken Kommunikationsstil verwenden. Versetzen Sie sich oder andere nicht in eine defensive Haltung. Versuchen Sie, so ruhig, rational und hilfreich wie möglich zu bleiben.

- Verwenden Sie Formulierungen, wie "machen Sie weiter" oder "Sie haben es nicht so gemacht, wie ich es wollte" oder "Sie haben auf mich gewartet, bis ich die Entscheidung treffe" oder "geben Sie mir negatives Feedback".

- Vermeiden Sie die Verwendung kritischer Wörter, wie *schlechte Arbeit*, *abhängig*, *unwürdig* oder generell Schimpfwörter.
- Achten Sie auf nonverbale Reaktionen, wie zum Beispiel Augenkontakt.
- Verwenden Sie "Ich-Aussagen".
- Seien Sie direkt.
- Vermeiden Sie eine zögerliche Wortwahl.
- Bleiben Sie beim Thema.
- Nehmen Sie eine verständnisvolle, fürsorgliche, aber dennoch feste Haltung ein.

Die obigen Schritte der Formel lassen sich in einem Satz wie folgt zusammenfassen:

„Ich verstehe/mag [...]. Wie auch immer, wenn Sie [...], fühle ich mich/denke ich [...]. Ich würde es sehr schätzen, wenn Sie [...]."

Verlangen Sie nach einer Gehaltserhöhung

Neben der Forderung nach einem neuen Verhalten kann auch die Forderung nach einer Gehaltserhöhung Schwierigkeiten bereiten. Sie wissen, dass Sie Ihrem Unternehmen oder Ihrer Organisation einen großen Mehrwert gebracht haben und fühlen sich zu einer Gehaltserhöhung berechtigt.

Wie können Sie also auf selbstbewusste und erfolgreiche Art und Weise nach einer Gehaltserhöhung fragen?

Recherchieren Sie Ihren Mehrwert für Ihren Arbeitgeber

Bevor Sie nach einer Gehaltserhöhung fragen, recherchieren Sie in Ihrem Unternehmen. Recherchieren Sie, wie wertvoll Sie bisher für Ihr Unternehmen waren. Sehen Sie sich die Gewinne an, die Sie gemacht haben, oder sogar die Verluste, die Sie möglicherweise erlitten haben. Sehen Sie sich Ihre Abteilung an und berechnen Sie Ihre derzeitige Produktivität, wenn möglich, im Vergleich zu der eines Vorgängers. Wenn Sie zum Beispiel im Kundenservice arbeiten, haben Sie die Kundenzufriedenheit steigern können?

Vergleichen Sie Ihren Wert mit dem Ihrer Konkurrenz

Recherchieren Sie im Internet, wie hoch Ihr Marktwert ist oder was Sie für die Konkurrenz wert wären. Wenn Sie momentan nicht das verdienen, was Sie in vergleichbaren Unternehmen oder Organisationen verdienen würden, ist dies ein Vorteil für Sie bei der Aushandlung einer Gehaltserhöhung.

Vereinbaren Sie ein Treffen mit Ihrem Chef

Vereinbaren Sie einen Termin, um Ihre Gehaltserhöhung mit Ihrem Chef zu besprechen. Sagen Sie nicht, dass Sie um eine Gehaltserhöhung verlangen werden, sondern sagen Sie, dass Sie etwas Wichtiges zu besprechen haben und einen Termin vereinbaren möchten.

Schreiben Sie sich vor der Besprechung die konkreten Gründe auf, warum Sie eine Gehaltserhöhung verdienen und gehen Sie das Gespräch innerlich durch, um eine selbstbewusste und überzeugende Durchführung zu gewährleisten. Nennen Sie während des Treffens zunächst die Fakten, die Sie recherchiert haben, bevor Sie eine Gehaltserhöhung beantragen.

Wenn Ihr Vorgesetzter während des Treffens Anrufe entgegennimmt oder so tut, als müssten Sie sich beeilen, bitten Sie darum, den Termin auf einen Zeitpunkt zu verlegen, an dem Sie die volle Aufmerksamkeit Ihres Vorgesetzten haben können.

Betteln Sie nicht, stellen Sie keine Forderungen und drohen Sie nicht mit der Kündigung

Betteln Sie Ihren Chef nicht an und drohen Sie ihm auch nicht mit der Kündigung. Das kann sich kontraproduktiv auswirken, weil Ihr Chef dann möglicherweise negative Gefühle Ihnen gegenüber entwickeln könnte.

Sagen Sie, was Sie wollen

Überlegen Sie sich einen konkreten Betrag, den Sie erhalten möchten. Seien Sie vernünftig, aber nicht zurückhaltend. Erhöhen Sie den Betrag dann um mindestens fünfzig Prozent, damit Sie etwas Spielraum zum Verhandeln haben.

Verhandeln Sie den konkreten Betrag

Wenn Ihr Chef einer Erhöhung zustimmt, aber einen geringeren Betrag, als den von Ihnen verlangten, anbietet, machen Sie ein Gegenangebot mit einem höheren Betrag. Fahren Sie mit den Verhandlungen fort, bis Sie und Ihr Chef sich auf einen angemessenen Betrag geeinigt haben.

Was ist, wenn Ihr Chef „nein" sagt?

Ihr Chef kann Ihre Forderung nach einer Gehaltserhöhung einfach ablehnen. Seine Antwort könnte darin bestehen, sich über die derzeitigen Probleme zu beschweren, die das Unternehmen oder die Organisation momentan hat, und darüber, dass es nicht möglich sei, einen weiteren Cent herauszuholen.

Darauf antworten Sie, dass Sie verstehen, dass die Firma Probleme hat, aber auch Sie selbst haben persönliche finanzielle Verpflichtungen. Sagen Sie, dass es nicht fair ist, Sie für die Probleme des Unternehmens zu bestrafen. Teilen Sie ihm mit, dass Sie sich voll und ganz für das Unternehmen einsetzen und entsprechend auch erwarten, fair entschädigt zu werden.

Ihr Chef könnte auch die Richtlinien des Unternehmens nutzen, um Ihnen eine Gehaltserhöhung zu verwehren. Arbeiten Sie mit Ihrem Vorgesetzten zusammen, um Wege zu finden, die Politik zu umgehen oder überlegen Sie sich Gründe, warum Sie eine Ausnahme von der Regel sein sollten.

Akzeptieren Sie keine symbolische Gehaltserhöhung

Anstelle einer Gehaltserhöhung könnte Ihnen Ihr Chef auch eine kleine Prämie oder Vergünstigungen anbieten, wie zum Beispiel der Nutzung eines Firmenwagens oder eines schöneren Büros. Nehmen Sie diese nicht an. Damit signalisieren Sie, dass Sie bereit sind, Ersatzangebote zu akzeptieren anstatt der von Ihnen gewünschten Gehaltserhöhung. Sagen Sie Ihrem Chef lieber, dass Sie damit nicht einverstanden sind und wiederholen Sie den Betrag, den Sie sich wünschen.

Akzeptieren Sie eine Beförderung

Eine der besten Möglichkeiten, eine Gehaltserhöhung zu bekommen, ist eine Beförderung. Sie können dies auf drei verschiedene Arten tun.

Erstens können Sie innerhalb der Organisation auf die nächste Ebene aufsteigen. Zweitens können Sie mehr Verantwortung übernehmen. Dazu müssen Sie vielleicht manche Tätigkeiten auf niedrigeren Ebenen eliminieren. Und drittens können Sie eine neue Stelle mit einem neuen Titel für sich selbst schaffen.

Wenn Sie glauben, dass die dritte Option die beste ist, entwerfen Sie eine Stellenbeschreibung, bevor Sie in die Besprechung gehen. Beschreiben Sie, was fehlt und legen Sie einen Plan zur Lösung des Problems vor. Geben Sie z. B. an, was Ihre Tätigkeit beinhalten würde, welcher Zeitrahmen für die Ausführung der Aufgaben vorgesehen ist, welche Kosten anfallen würden und wie hoch Sie den Gewinn einschätzen. Sprechen Sie mit Ihrem Chef, wie er Sie dabei unterstützen kann und gehen Sie dann auf dem Dienstweg nach oben, um Ihren Plan genehmigen zu lassen.

Akzeptieren Sie keine Beförderung ohne einen Titel oder eine Gehaltserhöhung

Wenn Ihr Chef eine Beförderung ohne einen neuen Titel oder ohne Gehaltserhöhung anbietet, lehnen Sie diese sofort ab. Denn wahrscheinlich wird von Ihnen erwartet, dass Sie zusätzlich zu der

Arbeit, die Sie bereits leisten, weitere Verantwortung übernehmen. Und das ist inakzeptabel.

Sagen Sie Ihrem Chef, dass eine Beförderung ohne Gehaltserhöhung keine wirkliche Beförderung ist. Wenn Ihnen eine neue
Position angeboten wird, stellen Sie sicher, dass diese mit Verantwortung sowie mit einer Gehaltserhöhung verbunden ist, die dem
neuen Titel angemessen ist.

Punkte, die Sie sich merken sollten, wenn Sie um eine Gehaltserhöhung bitten:

- Wählen Sie den richtigen Zeitpunkt.
- Seien Sie beim Betrag nicht übermäßig zurückhaltend.
- Stellen Sie kein Ultimatum.
- Vermeiden Sie, dass Sie zu viele persönliche Informationen
  preisgeben.

Durchsetzungsfähige Anfrage zur Informationsbeschaffung

Wenn Sie versuchen, Informationen von Ihren Kunden,
Freunden oder der Familie zu erhalten, wird der durchsetzungsfähige Quotient von der Länge der Frage und dem Format bestimmt.

Längere Fragen, die Ihre Intention und Hintergründe ein-
schließen, können dazu führen, dass sich die Interessenten unter
Druck gesetzt fühlen, auf eine bestimmte Art und Weise zu antworten. Gleich auf den Punkt zu kommen, klingt dagegen durchsetzungsfähiger.

Tipps für durchsetzungsfähige Fragen

Nehmen Sie sich heraus

Benutzen Sie keine Pronomen, einschließlich "ich" und "mich".
Eine durchsetzungsfähige Person fragt nach dem, was sie will und
wartet auf die Antwort.

Zeigen Sie keine Abneigung gegen zukünftige Antworten

Akzeptieren Sie die Antwort der anderen Person und fragen Sie, ob es etwas gibt, das Sie zukünftig gemeinsam erreichen können.

Wählen Sie Ihre Verben sorgfältig aus

Wenn Sie Ihrem Gegenüber Folgendes sagen: "Ich möchte gerne Ihren Chef sprechen", ist das keine Fragestellung und wirkt aggressiv. Wenn Sie den Manager treffen wollen, sagen Sie lieber: "Ich würde Ihrem Chef gerne die Vorteile unseres Produktes erklären. Wäre es möglich, dass wir uns treffen?"

Es ist immer am besten, bei kurzen Fragesätzen zu bleiben und Vorab-Erklärungen zu vermeiden.

Hausaufgaben für Sie

1. Was hält Sie davon ab, andere Menschen nach dem zu fragen, was Sie wollen?
2. Haben Sie wirklich das Gefühl, dass Sie eine Gehaltserhöhung verdienen? Warum haben Sie dann noch nicht danach gefragt?
3. Stellen Sie Ihren Kunden die richtigen Fragen, und zwar auf die richtige Art und Weise?

Zusammenfassung des Kapitels

- Wenn wir zu sehr darüber nachdenken, was andere denken könnten, wird es zunehmend schwieriger, das zu verlangen, was wir wollen.
- Bevor Sie andere auffordern, ihr Verhalten zu ändern, sollten Sie Empathie und Respekt für sie entwickeln. Geben Sie Ihre positiven Gefühle an, gefolgt vom Problem und am Ende dem Ziel oder der Anfrage nach dem neuen Verhalten.
- Wenn Sie Ihren Chef nach einer Gehaltserhöhung oder einer Beförderung fragen, recherchieren Sie zunächst und

notieren Sie die Fakten, die Sie dazu berechtigen. Vereinbaren Sie ein direktes Treffen mit Ihrem Chef und nennen
Sie diese Fakten, bevor Sie eine Gehaltserhöhung beantragen. Betteln Sie niemals um eine Gehaltserhöhung und
drohen Sie auch nicht mit einer Kündigung. Sagen Sie klar
und deutlich, was Sie wollen.

- Stellen Sie Ihren potenziellen Kunden niemals lange Fra-
gen oder Fragen, die sie zu einer bestimmten Antwort
zwingen. Sagen Sie, was Sie wollen und warten Sie auf die
Antwort. Geben Sie niemals Vorab-Erklärungen.
- Im nächsten Kapitel werden Sie lernen:
- Wie man Durchsetzungsvermögen im täglichen Leben übt
- Wie man bei der Arbeit durchsetzungsfähig sein kann
- Wie man Durchsetzungsvermögen in der Familie und in
Beziehungen übt
- Wie man für sich selbst einsteht und für sich selbst spricht

KAPITEL 9:

Durchsetzungsvermögen im Alltag

Durchsetzungsvermögen im täglichen Leben

Jeder möchte mehr Selbstvertrauen haben, aber nicht jeder weiß, wie man sich durchsetzen kann. Wenn Sie lernen, sich durchzusetzen, können Sie sich leicht ausdrücken und haben bessere Chancen, das zu bekommen, was Sie wollen.

Hier sind sieben einfache Wege, um durchsetzungsfähiger zu werden:

1. Verstehen Sie, dass Durchsetzungsvermögen eine Fähigkeit ist.
2. Seien Sie respektvoll gegenüber denen, mit denen Sie kommunizieren. Achten Sie auf Ihre Körpersprache sowie auf Ihre Worte und stellen Sie sicher, dass diese übereinstimmen.
3. Verstehen und akzeptieren Sie die Unterschiede zwischen Ihrem Standpunkt und dem Standpunkt anderer.
4. Sprechen Sie so, dass die andere Person nicht beschuldigt wird oder sich schuldig fühlt. Seien Sie einfach, direkt und prägnant und sagen Sie, was Sie für richtig halten.
5. Verwenden Sie "Ich-Aussagen", um durchsetzungsfähig zu sein, ohne feindselig zu wirken.
6. Bleiben Sie ruhig, wenn Sie sich ausdrücken.
7. Setzen Sie sich selbst Grenzen, die Ihnen helfen zu entscheiden, was Sie erlauben und was nicht.

Wenn Sie mit einer Forderung konfrontiert werden, sollten Sie Folgendes bedenken:

Jeder, auch Sie, hat das Recht, eine Forderung nicht zu akzeptieren. Sie haben das Recht, "nein" zu sagen, ohne sich zu rechtfertigen.

Wenn Sie eine Forderung ablehnen, erklären Sie, dass es die Forderung ist, die abgelehnt wird, und nicht die Person.

Wenn Sie die Forderung abgelehnt haben, bleiben Sie bei dieser Entscheidung. Wenn Sie dem Druck nicht standhalten können, werden andere lernen, dass man Sie beeinflussen kann. Sie haben jedoch das Recht, Ihre Meinung zu ändern, sofern sich die Umstände ändern.

Wenn Sie Kritik erhalten:

- Nehmen Sie sich Zeit, um zu entscheiden, ob die Kritik gerechtfertigt ist oder ob es einen anderen Grund dafür gibt.
- Erkennen Sie alle Teile der Kritik an, die der Wahrheit entsprechen, auch wenn sie schwer zu akzeptieren sind.
- Reagieren Sie nicht mit Gegenkritik.
- Vermeiden Sie es, andere zu kritisieren. Geben Sie stattdessen konstruktives, wenn auch negatives, Feedback, um deren Verhalten zu ändern.
- Wenn Sie eine Rückmeldung geben, konzentrieren Sie sich eher auf das Problem oder die Situation, als auf die Person.

Ein Kompliment ist eine positive Art und Weise, Unterstützung und Zustimmung zu vermitteln und das Selbstvertrauen der anderen Person zu stärken. Manche Menschen finden es jedoch schwierig oder peinlich, Komplimente zu geben oder zu erhalten.

Wenn Ihnen ein Kompliment gemacht wird, danken Sie der Person, die das Kompliment gemacht hat und nehmen Sie es an, unabhängig davon, ob Sie ihr tatsächlich zustimmen oder nicht. Wenn Sie ein Kompliment machen, stellen Sie sicher, dass es ernst gemeint ist.

Durchsetzungsvermögen bei der Arbeit

Um Durchsetzungsvermögen bei der Arbeit zu üben, folgen Sie diesen Schritten:

Erkennen Sie Ihren Wert. Haben Sie eine realistische und respektvolle Perspektive auf Ihren Wert als Person.

Erkennen Sie Ihre Rechte am Arbeitsplatz. Aushänge, das Handbuch der Richtlinien für Mitarbeiter, Ihre Stellenbeschreibung usw.

Kennen Sie Ihre Grenzen, um Stress und Frustration zu vermeiden.

Bereiten Sie sich vor und üben Sie

Üben Sie Ihr Durchsetzungsvermögen in Ihren engen Beziehungen. Stellen Sie sich vor, wie es sein könnte, Ihrem Kollegen oder Ihrem Chef etwas Schwieriges mitzuteilen. Fragen Sie sich selbst:

Was ist mein Ziel? Was und wie würde ich es gerne sagen?

Spielen Sie es in Ihrem Kopf durch, indem Sie sich sowohl das ideale Szenario als auch das Szenario, das Ihnen am meisten Angst macht, vergegenwärtigen. Wenn Sie dies nicht tun, könnte es sein, dass Sie im entscheidenden Moment nervös werden und aufgeben.

Vermeiden Sie Worte, die Ihre Sprache ungeschickt, zögerlich oder unentschlossen klingen lassen, wie zum Beispiel *hmm, äh, wissen Sie, nun* usw.

Kontrollieren Sie die Lautstärke Ihrer Stimme und vermeiden Sie eine erniedrigende Sprache.

Wenden wir nun diese Schritte auf einige Situationen am Arbeitsplatz an.

Situation Nr. 1: Ihren Plan im Team durchsetzen

Ihr Team ist für die Einführung einer neuen Werbekampagne zuständig und Sie haben eine tolle Idee. Sie organisieren ein Treffen, um zu besprechen, wie man beginnen kann und sind gespannt darauf, Ihre Idee vorzuschlagen.

- **Passiver Ansatz:** Sie warten, bis Ihr Chef den ersten Vorschlag macht. Dann nicken Sie passiv mit dem Kopf zu all seinen Vorschlägen, anstatt Ihre Idee zu präsentieren oder gar Möglichkeiten zur Verbesserung seiner Strategie vorzuschlagen.

- **Aggressiver Ansatz:** Sie schlagen Ihre "perfekte" Idee sofort Ihren Teamkollegen vor, reden ununterbrochen und beginnen mit der Zuweisung von Aufgaben. Wenn jemand eine Alternative vorschlägt, lehnen Sie diese sofort ab.

- **Durchsetzungsfähige Herangehensweise:** Sie präsentieren Ihre Idee und begrüßen die Vorschläge aller Teammitglieder. Wenn Sie sich die verschiedenen Vorschläge anhören, erkennen Sie deren Stärken an. Übernehmen Sie zudem eine Rolle bei der Lösung möglicher Herausforderungen.

Mit einem durchsetzungsfähigen Ansatz legen Sie Ihren Fall so dar, dass Sie die Perspektiven der anderen anerkennen und Ihre Ideen mit sachlichen Argumenten, statt mit Emotionen, untermauern. Sie tragen erfolgreich zum Gespräch bei und erniedrigen dabei nicht die anderen Teammitglieder.

Situation Nr. 2: Sie haben um eine Gehaltserhöhung gebeten, aber Ihr Chef reagiert nicht

Nachdem Sie bei einem Treffen mit Ihrem Chef um eine Gehaltserhöhung gebeten haben, sagt er, dass Sie noch sechs Monate warten müssen, da die Firma im Moment einfach nicht in der Lage sei, Gehaltserhöhungen zu vergeben. Er versichert, dass Sie für eine Gehaltserhöhung in Betracht gezogen werden, wenn die Zeit dafür reif ist.

Passiver Ansatz: Sie sind innerlich sehr enttäuscht, bringen aber Ihre Enttäuschung nicht zum Ausdruck und stimmen Ihrem Chef noch während des Gespräches im Büro zu. Später, wenn Sie daheim sind, beschweren Sie sich stundenlang darüber, weil Sie das Gefühl haben, es sei völlig ungerecht.

Aggressiver Ansatz: Sie teilen Ihrem Chef mit, dass Sie beginnen werden, nach Möglichkeiten in anderen Unternehmen zu suchen, wo Sie von jemandem so behandelt werden, wie Sie es verdienen.

Durchsetzungsfähiger Ansatz: Sie respektieren sich selbst und Ihr Bedürfnis nach einer fairen Vergütung und verstehen auch die Argumentation Ihres Chefs. Sie fragen also nach mehr Informationen über die Zukunft des Unternehmens und definieren konkrete Ziele und Vorgaben, die Sie überprüfen können, wenn Sie Ihre Gehaltsvorstellung in Zukunft wieder aufgreifen.

Durchsetzungsvermögen in Familie und Beziehungen

Es ist viel einfacher, eine durchsetzungsfähige Kommunikation mit Ihrer Familie aufzubauen. Es bietet Ihnen folgende Vorteile:

- Bessere emotionale und mentale Gesundheit
- Verbessert Ihre sozialen und persönlichen Fähigkeiten
- Besseres Verständnis und bessere Kontrolle über Ihre Emotionen
- Verbessert Ihr Selbstwertgefühl und Ihre Entscheidungsfähigkeit
- Führt zu Selbstachtung und verdientem Respekt von anderen

Hier sind einige Möglichkeiten, welche die durchsetzungsfähige Kommunikation mit Ihrer Familie fördern:

Vermeiden Sie Vergleiche

Eltern sollten ihre Kinder nicht mit anderen vergleichen. Zum Beispiel: "John, du hast deine Hausaufgaben nicht gemacht. Du solltest eher wie Harry sein, der alle Hausaufgaben erledigt, bevor er auf den Spielplatz geht."

Vergleiche erzeugen Unsicherheit und Gefühle von Unterlegenheit, Angst und ungesunde Konkurrenz.

Seien Sie einfühlsam

Durchsetzungsfähige Kommunikation beginnt mit Respekt gegenüber anderen. Wenn alle Familienmitglieder verstehen, wie jedes einzelne Familienmitglied denkt und fühlt, wird es leichter sein, einen gesunden Dialog zu führen.

Bitten Sie um eine Meinung

Lassen Sie Ihre Kinder an Entscheidungen teilhaben, welche sie selbst und die Familie betreffen. Das stärkt ihr Selbstvertrauen und sie haben das Gefühl, dass ihre Meinung zählt.

Teilen Sie sich mit

Damit Kinder ihre Gefühle und Gedanken Ihnen gegenüber ausdrücken können, brauchen Sie ein Vorbild, dem sie folgen können. Erzählen Sie ihnen von Ihrem Tag, Ihren Sorgen und Interessen. Hören Sie ebenfalls aufmerksam zu, wenn Kinder Ihnen etwas mitzuteilen haben. Geben Sie ihnen bei Bedarf Ratschläge, anstatt sie zu verurteilen oder zu schimpfen. Bestrafen Sie Kinder nie dafür, dass sie Ihnen die Wahrheit gesagt haben.

Setzen Sie sich durch und äußern Sie sich

Jeden Tag treffen Sie Dutzende von kleinen Entscheidungen. Manchmal ist es leicht, Ihre Ideen durchzusetzen, während es manchmal wiederum besser zu sein scheint, sich anzupassen, um potenzielle Konflikte zu vermeiden.

Wenn Sie sich jedoch von Menschen überrumpeln lassen, kann das Ihre Gefühle von Stress und Angst verstärken und schließlich Ihr Selbstwertgefühl verringern.

Wenn Sie lernen, für sich selbst einzustehen, wird Ihnen dies helfen, Ihr Leben selbst zu steuern, an Ihre Kraft zu glauben und sich darin zu ermutigen, Ihre Träume zu verwirklichen.

Nutzen Sie also die folgenden einfachen, aber wirksamen Schritte, um in jeder Situation für sich selbst einzustehen:

Üben Sie, transparent und authentisch zu sein

Es braucht Übung, aber wenn Sie lernen, sich offen und ehrlich auszudrücken, werden Sie sich daran gewöhnen, dass andere Ihnen zuhören.

Machen Sie kleine, aber wirkungsvolle Schritte

Beginnen Sie mit kleinen Schritten, um für sich selbst einzustehen. Bereits das Erlernen des selbstbewussten Gehens – mit aufgerichtetem Kopf und zurückgezogenen Schultern - wird Ihnen helfen, sich sicherer zu fühlen und selbstbewusster zu erscheinen. Tragen Sie dieses Selbstvertrauen im Alltag mit sich. Hat Sie jemand in der U-Bahn aus der Reihe geschubst? Bitten Sie diese Person höflich, zurückzutreten.

Wenn Sie jemand angreift, warten Sie ab

Manchmal treffen Sie auf Menschen, die versuchen, Sie zu überrumpeln. Bleiben Sie ruhig, aber durchsetzungsfähig, wenn jemand versucht, Sie zu schikanieren. Gehen Sie nicht auf diese Person ein und reagieren Sie auch nicht mit Aggression.

Finden Sie heraus, was Sie stört

Es erfordert eine Menge Mut, sich etwas oder jemandem zu stellen, das/der Sie stört. Aber wenn Sie sich dem stellen, befähigt es Sie, sich zu verbessern. Gleichzeitig wird die Kontrolle des anderen über Sie verringert. Die Menschen können Ihre Gedanken nicht lesen, Sie müssen Ihre Bedürfnisse äußern.

Klären Sie die Situation erst ab, bevor Sie in den Angriff übergehen

Es ist verlockend, einen selbstgerechten Standpunkt einzunehmen, besonders wenn die andere Person völlig im Unrecht zu sein scheint. Aber widerstehen Sie Ihrem Drang, mit Emotionen zu reagieren. Atmen Sie stattdessen durch und erklären Sie der anderen Person in aller Ruhe Ihre Perspektive. Vermeiden Sie einen aggressiven Tonfall und beschuldigende Worte.

Übung, Übung und Übung

Wenn Sie die Zusammenhänge erst einmal verstanden haben, üben Sie die Anwendung des Durchsetzungsvermögens in Situationen, in denen Sie für sich selbst einstehen müssen.

Seien Sie bei der Äußerung Ihrer Gedanken bedacht

Denken Sie an Ihre Zeit. Ziehen Sie sich zurück, wenn es angebracht ist oder trennen Sie sich respektvoll von Menschen oder Situationen, die Ihren Zeitplan unnötig beeinträchtigen.

Denken Sie daran, dass niemand Ihre Gefühle, Gedanken und Meinungen entkräften kann. Zu lernen, für sich selbst einzustehen, wird nicht über Nacht geschehen. Es braucht Zeit, um sich mit Durchsetzungsvermögen vertraut zu machen. Während Sie sich in der Lernphase befinden, stellen Sie sich vor, dass Sie ein Schauspieler sind, der seine neue Rolle zu spielen lernt. Stellen Sie sich vor, dass Sie die durchsetzungsstärkste Person sind, die Sie kennen. Wie werden Sie also in einer schwierigen Situation mit sich selbst umgehen?

Und nun?

1. Verstehen Sie jetzt, was "Durchsetzungsvermögen" ist?
2. Fühlen Sie sich in Situationen wohl, in denen Sie "nein" sagen, in denen Sie sich selbst mitteilen oder in denen Sie danach fragen, was Sie wollen?

3. Sind Sie jetzt besser gerüstet, aufzustehen und für sich selbst zu sprechen?

Zusammenfassung des Kapitels

*   Durchsetzungsvermögen ist eine Fähigkeit, die geübt und gelernt werden kann.
*   Seien Sie respektvoll gegenüber denjenigen, mit denen Sie kommunizieren. Verstehen und akzeptieren Sie die Unterschiede zwischen Ihrem Standpunkt und dem anderer. Bleiben Sie ruhig, wenn Sie sich ausdrücken. Verwenden Sie "Ich-Aussagen", um durchsetzungsfähig, aber nicht feindselig zu sein.
*   Setzen Sie Ihre Grenzen.
*   Erkennen Sie Ihren Wert, kennen Sie Ihre Rechte am Arbeitsplatz, sprechen Sie in einer klaren, direkten Sprache und vermeiden Sie degradierende Worte, die Sie durchsetzungsfähig klingen lassen.
*   Teilen Sie sich mit, fragen Sie nach der Meinung anderer und seien Sie einfühlsam, um Durchsetzungsvermögen in der Familie und in Beziehungen auszuüben.
*   Machen Sie kleine, aber wirkungsvolle Schritte, indem Sie aufstehen und für sich selbst sprechen.

FAZIT

Der Erfolg bei der Arbeit und in Beziehungen hängt von Ihrer Kommunikation ab. Ihr Kommunikationsstil sollte so sein, dass er es Ihnen ermöglicht, all das auszudrücken, zu fragen und zu erhalten, was Sie im Leben wollen.

Es gibt drei Kommunikationsstile - passiv, aggressiv und durchsetzungsfähig. Aber nur der durchsetzungsfähige Stil befähigt Sie, ein Gewinner im Leben zu sein. Passive Kommunikation macht Sie schwach, unterwürfig und ermöglicht es anderen, Sie auszunutzen. Ein aggressiver Stil hingegen lässt Sie dominant, hochmütig und gleichgültig gegenüber den Gefühlen, Gedanken und Meinungen anderer erscheinen.

Durchsetzungsvermögen ist die einzige Art der Kommunikation, die Ihre Interessen und die der anderen in perfekter Balance hält. Weder halten Sie Ihre eigenen Gedanken und Gefühle für besser als die anderer Menschen, noch geben Sie der Perspektive und den Forderungen anderer unnötig nach. Beides ist für Sie gleich wichtig.

Wenn Sie einen durchsetzungsstarken Kommunikationsstil in Ihrem täglichen Leben anwenden, verbessern Sie Ihr Selbstwertgefühl. Sie fühlen sich sicherer, treffen bessere Entscheidungen, respektieren sich selbst und gewinnen auch den Respekt anderer Menschen. Sie können gesunde und dauerhafte Beziehungen bei der Arbeit sowie mit Freunden und Familie aufbauen.

Unsere eigenen Ängste und Vermutungen behindern uns jedoch darin, die Fähigkeit der durchsetzungsstarken Kommunikation zu erlernen und zu üben. Wir glauben, dass Durchsetzungsvermögen zu Konflikten mit unseren Freunden und unserer Familie, Kollegen und Gleichaltrigen führt und wir deren Liebe und Wertschätzung verlieren. Aber genau das Gegenteil ist tatsächlich der Fall.

Sie werden mehr von anderen respektiert, wenn Sie sich selbst respektieren und für sich selbst, Ihre Rechte, Gedanken, Gefühle und Meinungen einstehen.

Seien Sie neugierig und offen für neue Lebenserfahrungen. Achten Sie darauf, wie Sie sich anderen gegenüber präsentieren, wie Sie sprechen, wie Ihr Tonfall, Ihre Kleidung und Ihre Körpersprache ist. Ihre Körpersprache verrät viel über Ihr Selbstvertrauen. Sich dessen bewusst zu sein, ist ein wichtiger Aspekt der durchsetzungsfähigen Kommunikation.

Das Erlernen der Fähigkeit zur selbstbewussten Kommunikation beginnt mit dem Aufbau eines positiven Selbstbildes. Sie müssen eine rationale und positive Sichtweise auf Ihre Fähigkeiten, Fertigkeiten und Stärken haben. Dies bestärkt Sie darin, sich sinnvolle Ziele im Leben zu setzen und diese zu erreichen. Sie sind einzigartig und Ihr Beitrag zu dieser Welt ist es auch. Niemand anderes kann diesen Beitrag so leisten, wie Sie. Aber um diese Kraft erkennen zu können, müssen Sie positiv über sich selbst denken.

Durch das Erlernen des durchsetzungsstarken Kommunikationsstiles eignen Sie sich folgende Qualitäten an:

- Sie können Ihre Bedürfnisse und Ideen klar, direkt und ohne Schuldgefühle zum Ausdruck bringen.
- Sie können für Ihre eigenen und die Rechte anderer einstehen.
- Sie können Ihre Gefühle anderen selbstbewusst vermitteln.
- Sie verfügen über Selbstständigkeit und Unabhängigkeit.
- Sie zeigen Beharrlichkeit in komplexen Situationen.
- Sie erhalten gute analytische Fähigkeiten.
- Sie haben jederzeit eine positive Einstellung.
- Sie sind stolz auf Ihre Errungenschaften.
- Sie haben den Mut, zu träumen und die nötigen Fähigkeiten zu entwickeln, Ihre Träume in die Realität umzusetzen.

Um den durchsetzungsstarken Kommunikationsstil zu praktizieren, müssen Sie wissen, was Sie wollen, danach fragen und es
schließlich bekommen. So einfach ist das.

Durchsetzungsfähige Kommunikation umfasst drei Komponenten:

1. Sagen Sie zur richtigen Zeit und auf die richtige Art und
   Weise "nein". Es gehört dazu, sich selbst gesunde Grenzen
   zu setzen und andere wissen zu lassen, was Sie akzeptieren
   werden und was nicht - sei es deren Verhalten oder deren
   Forderungen. Das Setzen von Grenzen ist für Sie entscheidend, um Ihre emotionale Energie zu bewahren, sich selbst
   einen Freiraum zu geben, in dem Sie wachsen können, Ihr
   Selbstwertgefühl und Ihre Beziehungen zu verbessern und
   zu vermeiden, dass Sie sich von anderen Menschen manipulieren lassen - sei es in geschäftlichen, beruflichen oder
   in persönlichen Beziehungen. Sie legen nicht nur Ihre eigenen Grenzen fest, sondern respektieren auch die Grenzen
   anderer, wenn diese sich welche gesetzt haben.

2. Drücken Sie deutlich und selbstbewusst aus, wie Sie sich
   selbst und wie Sie das Verhalten anderer Ihnen gegenüber
   wahrnehmen. Sie übernehmen die volle Verantwortung für
   Ihre Gefühle, ohne die andere Person zu beschuldigen.
   Stellen Sie einen direkten Augenkontakt her, verwenden
   Sie "Ich-Aussagen", eine normale Stimme und einen festen
   Tonfall, um Ihre Botschaft anderen zu vermitteln.

3. Bitten Sie andere um das, was Sie wollen, ohne Ihre Würde
   zu verlieren und seien Sie einfühlsam und respektvoll gegenüber den Bedürfnissen, Gefühlen und Meinungen anderer Menschen.

Und das Beste daran?

Durchsetzungsfähige Kommunikation kann im Alltag, bei der
Arbeit, in der Familie und in Ihren Beziehungen eingesetzt werden. Wenn Sie im Leben erfolgreich sein, gesunde Beziehungen

aufbauen oder mehr Respekt von anderen gewinnen wollen, müssen Sie lernen, wie Sie sich durchsetzen können. Dies ist eine Fähigkeit, die Sie zu einem Gewinner macht.

Ich habe Ihnen ein detailliertes Konzept vorgestellt, wie Sie die Fähigkeit der durchsetzungsstarken Kommunikation erlernen und auf Ihr Leben anwenden können. Also üben Sie diese Schritte und gestalten Sie Ihr Leben nach Ihren Wünschen.

VERWEISE

Assertiveness | Psychology Today. https://www.psychologyto-day.com/us/basics/assertiveness

Thackray, V. (2016). 7 revealing facts about the psychology of assertiveness - PostiveChangeGuru.com. https://positivechangeguru.com/psychologists-assertive-you/

Choosing Your Communication Style | UMatter. https://umatter.princeton.edu/respect/tools/communication-styles

The 4-Types of Communication Styles. https://www.linkedin.com/pulse/20140626185020-15628411-the-4-types-of-communication-styles

Liyanage, S. (2015). Assertive Communication. https://www.slideshare.net/SamithaLiyanage1/assertive-communication-50744208

10 Benefits of Being More Assertive. http://www.magforliving.com/10-benefits-of-being-more-assertive/

9 Advantages of Assertiveness. https://threeinsights.net/book/9-advantages-of-assertiveness/

Kumar, D. (2014). The Importance of Being Assertive in the Workplace. https://www.careeraddict.com/the-importance-of-being-assertive-in-the-workplace

The Importance of Assertive Leadership. http://www.leadershipexpert.co.uk/importance-assertive-leadership.html

2011-2019, C. Skillsyouneed. C. Why People Are Not Assertive | SkillsYouNeed. https://www.skillsyouneed.com/ps/assertiveness2.html

Three Barriers that Would Stop You from Being Assertive. (2018). http://compasscenterforleadership.com/three-barriers-that-would-stop-you-from-being-assertive/

Metaperceptions: How Do You See Yourself? https://www.psychologyto-day.com/us/articles/200505/metaperceptions-how-do-you-see-yourself

Chan, D. (2016). Learning to see things from another's perspective, Opinion News & Top. https://www.straitstimes.com/opinion/learning-to-see-things-from-anothers-perspective

How to Be Yourself and Cultivate a Positive Self-Image. https://www.developgoodhabits.com/positive-self-image/

Self-Image - how you see yourself positive or negative. http://destinysodyssey.com/personal-development/self-development-2/self-concepts-self-constructs/self-image/

2011-2019, C. Skillsyouneed. C. (n.d.-a). Personal Empowerment | SkillsYouNeed. https://www.skillsyouneed.com/ps/personal-empowerment.html

Campbell, S. (2017). 8 Steps to Personal Empowerment. https://www.entrepreneur.com/article/288340

What Is Personal Empowerment?: Taking Charge of Your Life and Career. https://www.mindtools.com/pages/article/personal-empowerment.htm

Marsden, L. (2014). 4 Tips to be Assertive and Empower Your Life - Laurie Marsden. https://lauriemarsden.com/4-tips-assertive-empower-life/

how to be a lion: 7 steps for asserting yourself positively. https://www.positivelypresent.com/2010/05/how-to-be-a-lion.html

Tartakovsky, M. M. S. (2018). Assertiveness: The Art of Respecting Your Needs While Also Respecting Others' Needs. https://psychcentral.com/blog/assertiveness-the-art-of-respecting-your-needs-while-also-respecting-others-needs/

https://www.pennstatehershey.org/documents/1803194/10660403/OAW+Assertiveness+Training+1.pdf/9f8788f4-219d-4fc1-a034-24551034d840

Kass, A. Three Keys to Assertive Behavior. https://www.gosmartlife.com/marriage-intelligence-blog/bid/148841/three-keys-to-assertive-behavior

Leinwand, L. (2016). Why Is Saying 'No' So Important? https://www.goodtherapy.org/blog/why-is-saying-no-so-important-1110165

Doherty, Y. (2014). 10 Reasons You Should Speak Up And Never Regret Saying How You Feel. https://www.elitedaily.com/life/culture/speak-dont-regret-saying-feel/823735

Ramey, S. (2016). Assertive Communication: Express What You Feel Without... https://exploringyourmind.com/assertive-communication-express-feel-without-guilt/

How to be less emotional reactive. (2019). https://cassdunn.com/how-to-be-assertive/

Louise, E. (2019). Here's How to Ask For Help Courageously and Assertively! [2 Step Process] | The Launchpad - The Coaching Tools Company Blog. https://www.thecoachingtoolscompany.com/how-to-be-more-assertive-ask-for-help/

Why Is It Hard to Say "No" and How Can You Get Better at It? https://www.psychologytoday.com/us/blog/the-couch/201601/why-is-it-hard-say-no-and-how-can-you-get-better-it

Be More Effective - 12 Reasons Why It's So Hard to Say, "No." https://www.bemoreeffective.com/blog/12-reasons-why-its-so-hard-to-say-no/

https://www.cci.health.wa.gov.au/~/media/CCI/Consumer%20Modules/Assert%20Yourself/Assert%20Yourself%20-%2006%20-%20How%20to%20Say%20No%20Assertively.pdf

Dondas, C. (2019). 7 Tips on How to Say NO in an Assertive Way... https://lifestyle.allwomenstalk.com/tips-on-how-to-say-no-in-an-assertive-way/

Wilding, M. L. (2018). 3 Ways to Say No and Be More Assertive in Business. https://psychcentral.com/blog/3-ways-to-say-no-and-be-more-assertive-in-business/

Chesak, J. (2018). The No BS Guide to Protecting Your Emotional Space. https://www.healthline.com/health/mental-health/set-boundaries#how-to-define-your-boundaries

Lancer, D. L. (2019). 10 Reasons Why Boundaries Don't Work. https://www.whatiscodependency.com/setting-boundaries-limits-codependency/

Lancer, D. L. (2019). The Power of Personal Boundaries. https://www.whatiscodependency.com/the-power-of-personal-boundaries/

mindbodygreen. (2019). 6 Steps To Setting Good Boundaries. https://www.mindbodygreen.com/0-13176/6-steps-to-set-good-boundaries.html

5 Golden Keys to Assertiveness and Setting Boundaries | Hypnosis Downloads. (2019). https://www.hypnosisdownloads.com/blog/5-golden-keys-to-assertiveness-and-setting-boundaries

Grohol, J. Psy. D. M. (2018). 10 Reasons You Can't Say How You Feel. https://psychcentral.com/lib/10-reasons-you-cant-say-how-you-feel/

Bennett, T. (2018). Why Is It So Hard to Express My Emotions? - Thriveworks. https://thriveworks.com/blog/hard-express-emotions/

Assertiveness. https://www.emotionalintelligenceatwork.com/resources/assertiveness/

admin. (2019). The difference between confidence and assertiveness. http://buildyp.blogspot.com/2012/05/difference-between-confidence-and.html?m=1

A Simple Way to Be More Assertive (Without Being Pushy). (2018). https://hbr.org/2017/08/a-simple-way-to-be-more-assertive-without-being-pushy

Sheffield, T. (2015). How To Ask For What You Want & Be More Assertive. https://www.bustle.com/articles/122147-how-to-ask-for-what-you-want-be-more-assertive

Assertive Requests: Be more persuasive and diplomatic. http://web.csulb.edu/%7Etstevens/assert%20req.html

Foolproof Ways to Use Assertiveness to Request a Raise. https://www.selfgrowth.com/articles/foolproof-ways-to-use-assertiveness-to-request-a-raise

Hoffman, J. The Secret to Asking Sales Questions Assertively, Not Aggressively. https://blog.hubspot.com/sales/asking-sales-questions-assertively-not-aggressively

Daskal, L. (2018). 7 Powerful Habits That Make You More Assertive. https://www.inc.com/lolly-daskal/7-powerful-habits-that-make-you-more-assertive.html

2011-2019, C. Skillsyouneed. C. (n.d.-a). Assertiveness in Specific Situations | SkillsYouNeed. https://www.skillsyouneed.com/ps/assertiveness-demands-criticism-compliments.html

Sese, C. (2018). 6 Tips for Being More Assertive at Work. https://www.goodtherapy.org/blog/6-tips-for-being-more-assertive-at-work-0113155

How to Be Assertive and Get What You Want at Work. (2013). https://money.usnews.com/money/blogs/outside-voices-careers/2013/06/20/how-to-be-assertive-and-get-what-you-want-at-work

Wilding, M. (2019). How to Be More Assertive at Work (Without Being a Jerk). https://www.themuse.com/advice/how-to-be-more-assertive-at-work-without-being-a-jerk

Lica, A. (2019). Assertive Communication with Your… https://exploringyourmind.com/assertive-communication-with-your-family/

Becoming Assertive? 4 Reasons Your Family Won't Like It. https://www.arenewedlife.com/becoming-assertive-4-reasons-family-wont-like/

Are You Too Nice? 7 Ways to Gain Appreciation & Respect. https://www.psychologytoday.com/us/blog/communication-success/201309/are-you-too-nice-7-ways-gain-appreciation-respect

Hutchison, M. (2015). 6 Assertive Ways To Get The Respect You DESERVE. https://www.yourtango.com/experts/moira-hutchison/how-gain-respect-others

Patel, D. (2018). 10 Powerful Ways to Stand Up for Yourself in Any Situation. https://www.success.com/10-powerful-ways-to-stand-up-for-yourself-in-any-situation/

Steber, C. (2019). 11 Little Ways To Stand Up For Yourself Every Day, No Matter What. https://www.bustle.com/articles/169607-11-little-ways-to-stand-up-for-yourself-every-day-no-matter-what

How to Speak Up for Yourself with Wisdom and Courage. https://www.psy-chologytoday.com/us/blog/prescriptions-life/201809/how-speak-yourself-wisdom-and-courage

Galinsky, A. (2017). How to speak up for yourself. https://ideas.ted.com/how-to-speak-up-for-yourself/

BONUSHEFT

Als Beilage zu diesem Buch erhalten Sie ein kostenloses E-Book zum Thema „Morgenroutinen der Gewinner".

In diesem Bonusheft „Morgenroutinen der Gewinner" erhalten Sie Übungen, die Sie in Ihrem Alltag problemlos anwenden können, um Ihr Selbstbewusstsein zu steigern.

Sie können das Bonusheft folgendermaßen erhalten:

Öffnen Sie ein Browserfenster auf Ihrem Computer oder Smartphone und geben Sie Folgendes ein:

gerardshaw.com/bonusheft

Sie werden dann automatisch auf die Download-Seite geleitet.

Bitte beachten Sie, dass dieses Bonusheft nur für eine begrenzte Zeit zum Download verfügbar ist.

Milton Keynes UK
Ingram Content Group UK Ltd.
UKHW022249131223
434335UK00006B/147